AF537333

AKTIEN DIVIDENDEN

DAS SCHRITT FÜR SCHRITT SYSTEM FÜR EINE HOHE RENDITE

Wie Sie an der Börse in Aktien und ETFs intelligent investieren, passives Einkommen erzielen und maximal Vermögen aufbauen

INHALT

1. Einleitung

Wer sein Geld gut anlegen und vor Verlusten schützen möchte, hat viele verschiedene Möglichkeiten, es gewinnbringend anzulegen. Wenn Sie eine geeignete Anlageform für Ihr Geld suchen, sind Sie sicher auch schon auf Aktien gestoßen. Die Bedeutung der Aktien kommt auch bei einigen Sprichwörtern wie „Wie stehen denn die Aktien?“ statt „Wie geht es?“ zum Ausdruck. Dennoch, diese Anlageform hat sich in Deutschland bis jetzt noch nicht etabliert, da hier Menschen häufig noch auf alte, bewährte Anlageformen zurückgreifen, die nicht so risikoreich sind. Hier in Deutschland hat immer noch das Sparbuch als Geldanlage eine große Bedeutung, auch wenn die Zinsen durch den in den letzten Jahren dauerhaft niedrigen Leitzins doch sehr überschaubar sind, sodass sich diese Anlageform kaum lohnt. Das kommt vielleicht auch dadurch, dass gerade Menschen in Deutschland doch schon einige schlechte Erfahrungen mit Geldabwertung, auch Inflation genannt, gemacht haben. Nach dem Ersten Weltkrieg beispielsweise mussten Menschen erfahren, dass sie für ihr Geld immer weniger Waren bekamen und dass sie dadurch kaum die alltäglichen Dinge kaufen konnten.

Bei Anlageformen sollten Sie sich genau überlegen, worauf Sie besonderen Wert legen. Soll die Anlage besonders sicher sein? Soll die Anlage immer verfügbar sein und welches Risiko sind Sie bereit, einzugehen, um eine für Sie akzeptable Gewinnspanne einzugehen?

Mit Aktien lassen sich mitunter sehr gute Gewinne erzielen. In der Regel sind die Gewinne bei Aktien viel höher als beispielsweise bei festverzinslichen Wertpapieren. Wenn Sie einige wichtige Regeln beachten und bereit sind, sich regelmäßig über die Aktien zu informieren, ist der Handel mit Aktien auch gar nicht so schwer. Allerdings fordert der Handel mit Aktien schon etwas Eigeninitiative, wenn Sie wirklich gut verdienen wollen. Mit Aktien kann heute auch überall gehandelt werden, ob zuhause am PC oder mit der App auf dem Smartphone.

Mit Aktien Geld zu verdienen ist auch nicht so schwer, denn eigentlich geht es beim Aktienhandel zuerst darum, die Aktien möglichst günstig zu kaufen und teurer zu verkaufen. Problematisch kann es aber werden, genau die Aktien zu finden, die auch viel Gewinn erwirtschaften. Man kann zwar Gewinne mit einiger Wahrscheinlichkeit vorhersagen, jedoch ist eine hundertprozentige Sicherheit bei dieser Anlage nie gegeben. Wichtig ist bei Aktien vor allem, Geduld zu haben und den richtigen Zeitpunkt abzupassen, wann Sie die Aktien kaufen und wann Sie die Aktien verkaufen sollten. Wer richtig investiert, kann hier wirklich einiges an Geld verdienen. So können Sie beispielsweise an der Entwicklung des DAX sehen, dass der Wert hier in den letzten 27 Jahren um ganze 900 Prozent gestiegen ist, was für Anleger eine jährliche Rendite von 8,5 Prozent bedeutet.

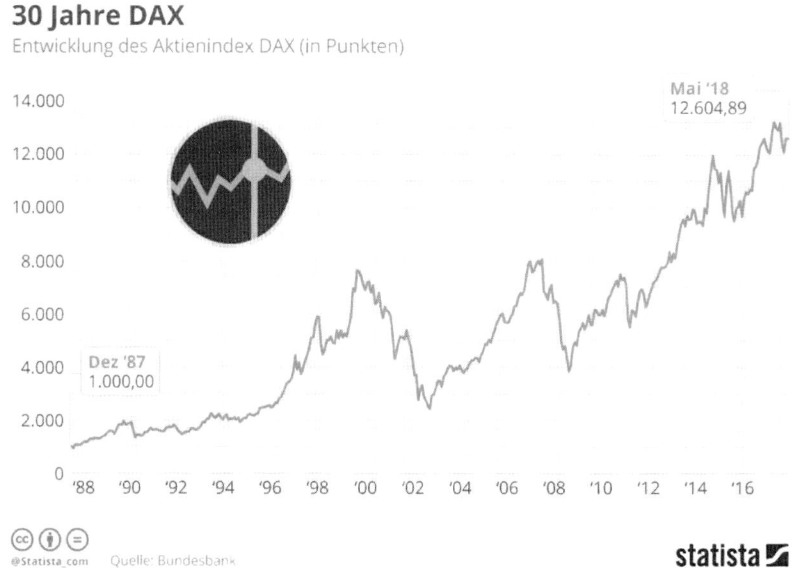

(Quelle: https://de.statista.com/infografik/14512/entwicklung-des-aktienindex-dax/)

Denn der Leitindex, bei dem seit 1987 die 30 größten börsennotierten Aktien erfasst werden, steigerte sich beispielsweise in 27 Jahren von 1000 auf 9000 Zähler. Dies zeigt: Menschen, die in Aktien investieren und einen etwas längeren Atem haben, können hier ganz solide Gewinne und gute Renditen erreichen. Als Beispiel dafür kann hier unter anderem der Amerikaner Warren Buffett genannt werden, der in den 1930er Jahren schon als kleiner Junge Coca-Cola-Dosen kaufte und mit großem Gewinn verkaufte, und später Aktien des Konzerns im Wert von über 1 Milliarde Dollar kaufte. Die Marke hat auch heute nicht an Beliebtheit verloren, hat einen Jahresumsatz von 182 Milliarden Dollar und kann pro Jahr einen Reingewinn von insgesamt 19,5 Milliarden Dollar verbuchen.

Selbstverständlich hat nicht jeder Mensch so viel Geld und Geschick, um gleich so viel zu investieren. Aber es zeigt, dass Aktien durchaus Potenzial haben und die Möglichkeiten, die sich durch den Handel mit Aktien bieten heute oft noch sehr unterschätzt werden. Niemand muss dazu gleich Börsenprofi sein, es ist nur nötig, ein paar kleine Dinge beim Aktienhandel zu beachten. Manche Menschen reizt es auch einfach, nicht genau zu wissen, wie viel die Aktien gewinnen oder verlieren. Um wirklich Geld mit Aktien zu verdienen, sollten sich Anleger schon vorher genau mit den Firmen beschäftigen, in die sie investieren wollen. Bei begehrten Aktien gilt es dabei, schnell zu handeln und den Kurs immer im Blick zu haben. Aber genau das macht bei einigen ja den Reiz aus.

2. Die Geschichte der Aktien und des Aktienhandels

Wenn Menschen heute auf die Computertaste drücken oder mit der Maus klicken, können Sie Aktien innerhalb weniger Sekunden überall in der Welt kaufen oder verkaufen. Die Aktien werden dazu sehr schnell ins eigene Depot eingebucht oder auch ausgebucht. Der Handel mit Aktien ging nicht immer so schnell und einfach, aber das Prinzip des Handels mit Aktien hat sich auch heute kaum verändert. Dennoch ist der Aktienmarkt heute viel kurzlebiger.

Schon zur Zeit des alten Roms wurden Zölle, Bergwerke und Salinen an Finanzgesellschaften verpachtet. Allerdings lösten sich diese Gesellschaften damals noch auf, sobald die Pacht ausgelaufen war. Im 12. Jahrhundert entstand in Italien ein Bankensystem, und es fanden in Lucca um 1111 die ersten Tauschbörsen statt. Die Ursprünge der Frankfurter Wertpapierbörse lassen sich ebenfalls bis zum mittelalterlichen Messewesen zurückverfolgen. Die Frankfurter Herbstmesse wird zum ersten Mal im Jahr 1150 an Maria Himmelfahrt erwähnt. Damals wurden aber zuerst noch keine Aktien, sondern Güter gehandelt.

Die Geschichte der modernen Aktie geht über 700 Jahre zurück. Die erste Aktie, die im Jahr 1288 erwähnt wurde, gibt es sogar heute noch. Bei dieser handelte es sich um Anteile an der schwedischen Kupfermine in Falun. Unter dem Namen „Stora Kopparbergs Bergslags Aktiebolag" existiert sie sogar heute noch. Seitdem hat sich die Idee Aktie auch hier durchgesetzt, wie eigentlich überall weltweit.

Im Jahre 1407 wird die sogenannte „Banca di San Giorgio" in Genua gegründet. Sie gibt zum ersten Mal Schuldscheine aus, um Staatsschulden zu decken, und schon im Jahr 1419 wurden die Anleger hier zu Anteilseigentümern.

Schließlich wird dann zwei Jahre später im Jahre 1409 die erste Börse Mitteleuropas in Brügge eröffnet. Sie kann zwar noch nicht mit der Börse im heutigen Sinne verglichen werden, da sich damals erst einmal nur italienische Kaufleute mit anderen Kaufleuten aus Brügge trafen, um zu handeln. Vermutlich kommt der Begriff der Börse jedoch von hier, denn in dem Haus der traditionsreichen Familie Van der Beurse aus Belgien trafen sich damals gerne viele Kaufleute zum Handel mit ihren Waren. Damals wurden die Wechsel noch in Geldbörsen aufbewahrt, was wahrscheinlich die Entstehung des Begriffes Börse gefördert hat.

Auch in Deutschland folgten Börsen: 1540 in Augsburg und Nürnberg sowie natürlich im Jahre 1985 die Börse in Frankfurt, heute die führende Börse in Deutschland. Am Anfang wurden dort jedoch vor allem andere Zahlungsinstrumente wie etwa Wechsel gehandelt. Für Anteile an Unternehmen, wie beispielsweise Kuxe (aus dem tschechischen, ein Schein, der dem Besitzer bescheinigt, dass er Anteile an einer bergrechtlichen Handelsgesellschaft besitzt), gab es ebenfalls auf den Frankfurter und Leipziger Messen spezielle Märkte. Um das Jahr 1460 entstand die Börse in Antwerpen. Sie entspricht unserem heutigen Verständnis der Börse schon eher, denn hier trafen sich Händler aus vielen unterschiedlichen Nationalitäten zum Tausch. Vor allem verkauften die Händler in Antwerpen Gewürze, aber bald übernahm die Amsterdamer Börse die Vorherrschaft und wurde finanzielles Zentrum in Europa. Der Gewürzhandel in Amsterdam blühte, vor allem auch der Pfefferhandel mit Indonesien. Hier kommt es nun zur Geburtsstunde der ersten gehandelten Aktie. Denn die reichsten Gewürzhändler aus Amsterdam schließen sich zur „Vereinigten Ostindischen Kompanie“ (kurz V.O.C.) zusammen. Erstmals können sich reiche Provinzen, Städte und Kaufleute an Unternehmen beteiligen und diese finanziell unterstützen, indem sie Anteile dieses Unternehmens erwerben. Neuartig daran war, dass diese Anteile an den Unternehmen die ersten Anteile waren, mit denen gehandelt werden konnte, ohne dass die Aktiengesellschaft bei diesem Vorgang Kapital zurückzahlen und sich dieses bei Kreditinstituten leihen muss. Auch wenn die V.O.C. heute nicht mehr existiert und sie im Jahre 1799 aufgelöst wurde, so war es doch schon sehr an das heutige Börsenverständnis angelehnt. 1647 wurde das Wort Aktie dann zum ersten Mal im deutschen Raum erwähnt.

Friedrich Wilhelm der Große Kurfürst gründete dabei am 17. März 1682 die erste deutsche Aktiengesellschaft. Sie wurde "Handels-Compagnie auf denen Küsten von Guinea" genannt. Es folgte dann die Brandenburgisch-Afrikanische Compagnie, die nahe der Küste von Afrika mit Gold, Pfeffer und sogar Sklaven und Elefantenzähnen handelte und dort ihr Gewerbe frei ausüben sollte. Im Jahre 1719 wurde von den Habsburgern die Orientalische Gesellschaft gegründet, danach folgten einige Versicherungsgesellschaften der Hansestädte. In Preußen wurde im Jahre 1765 die Berliner Assekuranz gegründet, es folgten dann im Jahre 1770 die Private Breslauer Zucker-Raffinerie und dann im Jahre 1793 die Berliner Zuckersiederei. Die Großbankiers finanzierten das alles aus dem privaten Vermögen der Einwohner. Auch Provinzen und Länder, Gemeinden und Städte gaben nun Anleihen heraus. Dies diente unter anderem dazu, die Infrastruktur zu stärken und sie zu fördern. Aber auch im Ausland und nicht nur in Deutschland werden schließlich Anleihen eingeführt. Vor allem mit Kapital aus Frankreich und Deutschland wurde auf diese Weise die Transsibirische Eisenbahn, die von Moskau nach Harbin und Wladiwostok führte, finanziert.

Es gab zu dem Zeitpunkt zum Beginn des 19. Jahrhunderts in Deutschland noch keine allgemeingültigen gesetzlichen Grundlagen, wenn Aktiengesellschaften gegründet wurden. In Preußen musste auf jeden Fall der König die Aktiengesellschaften genehmigen. Schließlich wurden am 9. November in Preußen das Börsenwesen und das Aktienrecht in einem Gesetzbuch zusammengefasst. Mit Ausnahme des Bankwesens war es nun möglich branchenunabhängige Börsengesellschaften zu gründen. In Preußen gab es im Jahre 1850 insgesamt 130 Aktiengesellschaften. Von 1851 bis 1870 wurden noch 295 neue Aktiengesellschaften gegründet. Hier lag das Gesamtgrundkapital immerhin bei erstaunlichen 2,4 Milliarden Mark. Ganze 72 Prozent des Grundkapitals entfielen dabei auf Aktiengesellschaften der Eisenbahnen. Um den Handel mit Aktien zu vereinfachen und zu vereinheitlichen, wurde schließlich im Jahre 1862 für Österreich und Deutschland ein Aktienrecht für Aktiengesellschaften gegründet, die gewerbsmäßigem Handel nachgingen. Das Allgemeine Deutsche Handelsgesetzbuch wurde erstellt und eingeführt.

Dank des neue Aktiengesetzes vom Norddeutschen Bund am 11. Juni 1870, das auch das Konzessionssystem abschaffen sollte, konnten in Preußen nun auch Aktienbanken gegründet werden, denn der Staat musste eine juristische Person nicht mehr als solche bestätigen. Auch der Aufbau innerhalb der Aktiengesellschaften veränderte sich. Es wurde zur Vorschrift, dass immer ein Aufsichtsrat gewählt werden musste und bei Namensaktien wurde der Mindestbetrag auf 150 Mark festgelegt, der Mindestnennbetrag von Inhaberaktien betrug sogar 300 Mark. In den Jahren 1897 und 1908 wurde dieses Gesetz noch einmal geändert, um den Gefahren, die mit den Börsen-Termingeschäften verbunden waren, entgegenzuwirken.

Nachdem die gesetzliche Grundlage geschaffen wurde, blühte das Aktienwesen bis zum Ausbruch des Ersten Weltkrieges. Vom Jahre 1900 bis zum Jahre 1909 stieg die Zahl der Aktiengesellschaften von 4500 auf 5222 Aktiengesellschaften, die insgesamt ein Grundkapital von 14,7 Milliarden Mark hatten. Die Aktiengesellschaften setzten sich mehr und mehr durch. Sie fanden allgemeinen Anklang und wurden nun auch zur Finanzierung von weniger großen Unternehmen gegründet.

Aufgrund der akuten Kriegsgefahr kam es im Jahre 1914 zum Jahresende zur Schließung der Börsen, jedoch fand der Wertpapierhandel dann eben außerhalb der Börse weiter statt. Erst im Dezember 1917 wurden in Deutschland an den Börsen wieder Wertpapiere angeboten. Es wurde hier also wieder einmal deutlich, wie sehr sich politische Ereignisse und somit auch die Wirtschaftslage und die Aktienkurse bedingen. Allerdings herrschte nach dem Krieg auf den Finanzmärkten erst einmal eine allgemeine Unsicherheit. Durch eine Verordnung vom 2. November 1917 wurde eine staatliche Genehmigung benötigt, wenn eine Aktiengesellschaft mit einem Kapital von mehr als 300.000 Mark errichtet wurde oder dieses Kapital um den gleichen Wert erhöht wurde. Durch Verordnungen vom 12. Februar und 9. Oktober 1920 wurde dies aber wieder zurückgenommen. Seit dem 28. Dezember durften auch Frauen an die Börse gehen und Anteile kaufen, wenn sie alle anderen Kriterien erfüllten. Dies war also auch ein recht großer Meilenstein in der Geschichte der Börse.

In den 20er Jahren etablierten sich die USA zunehmend als Ort des wirtschaftlichen Fortschrittes. Durch effizientere Produktionsabläufe kam es zu einem unglaublichen Wirtschaftsboom und die Industrieproduktion steigerte sich um ganze sechs Prozent. Die durch den Boom reicheren amerikanischen Bürger wollten ihr Geld nun natürlich auch vermehren und fingen an, an der Börse zu spekulieren. Durch hohe Kursgewinne spekulierten auch mehr Kleinanleger an der Börse. Geringe Provisionen von nur zehn bis zwanzig Prozent taten ein Übriges. Finanziert wurde diese Summe von zu erwartenden Gewinnen oder auch durch Kredite. Es wurde immer mehr spekuliert und die Börsenmakler sahen dies sehr kritisch. Schließlich kam es vormittags am 24. Oktober zum großen Börsencrash und die Kurse begannen zu bröckeln. Da immer mehr Anleger ihre Aktien verkaufen und Bargeld wollten, fielen die Kurse an dem Tag in einem kaum vorstellbaren Tempo.

An diesem Tag wurden etwa dreizehn Millionen Aktien gehandelt.

Um den Sturz des Dow-Jones-Indexes (mehr dazu weiter unten im Text) abzuwenden, beschlossen die bekanntesten Kredithäuser des Landes, zusammen Aktien zu kaufen. Doch schließlich beendete das Kurstief am Morgen des „Schwarzen Donnerstages“ die sogenannten „Goldenen Zwanziger“. Innerhalb sehr kurzer Zeit verlor der Dow-Jones-Index über die Hälfte seines Wertes. Im Juni des Jahres 1932 hatte der amerikanische Leitindex einen Wert von nur 40 Punkten. Den hohen Wert von 1929 mit insgesamt 400 Punkten erreichte der Dow-Jones-Index erst wieder nach einem knappen Vierteljahrhundert.

Während des Zweiten Weltkrieges ruhte der Börsenhandel wieder. Nach dem Zweiten Weltkrieg entwickelte sich dann immer eine Börse stark und galt als Leitbörse. In Deutschland war dies die Frankfurter Börse, wo neben nationalen Aktien auch internationale Aktien gehandelt wurden. An der Frankfurter Börse wurden im Jahre 2014 ganze zwei Drittel des deutschen Handels mit Aktien abgewickelt, und nur 1000 von über 10000 Unternehmen an der Börse in Frankfurt gaben Frankfurt als ihren Heimatort an.

Ab der letzten Hälfte des vergangenen Jahrhunderts wurden auch im Regelfall keine Aktien mehr als individuelle Aktien-Urkunden weggegeben, sondern wegen der hohen Kosten und des Risikos für die Sicherheit in Depots verwaltet. Dies hatte den Vorteil, dass das Verlustrisiko deutlich geringer war, die Anleger hatten wohl aus den Geschehnissen aus der ersten Hälfte des 20. Jahrhunderts gelernt. Meist wurden diese bei der „Wertpapiersammelbank“ (in Deutschland die Clearstream Banking AG) aufbewahrt. Viele alte Aktienpapiere sind heute noch Sammlerstücke, da sie oft sehr aufwendig verziert waren. Mehr zu den Vor- und Nachteilen von Depots können Sie weiter unten im Text lesen.

Die Geschichte der Aktien ist auch wichtig, wenn man ihre Bedeutung betrachten und von den Fehlern aus vergangenen Jahren lernen möchte. Auch bildet die Börse wie keine andere Institution die wirtschaftliche Lage eines Landes ab, und sie zeigt deutlich, wie sehr das wirtschaftliche Wohlergehen der Bevölkerung von der Politik abhängt.

3. Der Begriff der „Aktie“ und dessen Herkunft

Um mit Aktien zu handeln und Geld zu verdienen, müssen Sie erst einmal verstehen, was unter einer Aktie verstanden wird, welche Formen der Aktien es gibt und wie Aktienanteile gehandelt werden.

3.1. DIE HERKUNFT DES BEGRIFFES AKTIE

Das Wort Aktie selbst kommt wohl aus dem Wort „axie“ und hat die Bedeutung „Anspruch“ und „Anrecht“. Es leitete sich von dem lateinischen Wort „Actio“ ab, was übersetzt so viel wie „Klageanspruch“ heißt.

Heute versteht man unter dem Wort „Aktie“ ein Finanzierungsinstrument, welches von Aktiengesellschaften (AG's), der Europäischen Gesellschaft (SE) oder einer Kommanditgesellschaft auf Aktien (KGaA) genutzt wird. Mithilfe der Aktien können sich die Gesellschaften beispielsweise bei finanziellen Engpässen oder für neue Investitionen genug Geld beschaffen, auch wenn sie dafür vielleicht von der Bank keinen Kredit mehr bekommen würden. Es ist auch eine gute Möglichkeit für die Gesellschaft, um sich Eigenkapital zum Wachsen zu beschaffen und so auch flexibler auf Marktveränderungen zu reagieren und eine bessere Bilanz vorzuweisen. Das erhöht dann natürlich auch die Liquidität, also die Zahlungsfähigkeit der Gesellschaften. Aktien werden von den Gesellschaften auch gerne bewusst zur Finanzierung genutzt, da es für diese eine attraktivere und vor allem meist viel günstigere Variante darstellt, als sich von Banken dafür Geld zu leihen. Denn dank dieser Finanzierungsform müssen die Gesellschaften keine teuren Zinsen an Banken zahlen. Dazu verkaufen die Gesellschaften die Aktien an die Aktionäre und beteiligen diese dann später auch am eventuellen Gewinn der Gesellschaften. Kaufen Aktionäre eine Aktie so erhalten diese ein

Wertpapier, auf dem verschiedene Rechte und Pflichten stehen. Um dieses Papier zu bekommen, muss der Aktionär einen gewissen Kurswert bezahlen, der in bestimmten Zeitabständen festgelegt wird und der sich auch ständig ändern kann. Hat der Aktionär die Aktie gekauft, so wird er Gesellschafter der KGaAs oder AGs. Dies bedeutet, dass dem Aktionär nun bestimmte Anteile an der Gesellschaft gehören und dass er gegenüber der Gesellschaft als Gläubiger auftritt. Bei einem möglichen Gewinn bekommt der Aktionär einen bestimmten, vorher festgelegten Anteil des Gewinns der Gesellschaft ab. Im Gegenzug trägt er aber auch ein gewisses Risiko. Fährt die Gesellschaft Verluste ein, so verlieren auch die Menschen, denen die Aktien dieser Gesellschaft gehören.

Bei Aktien ist es also nicht so, dass dem Aktionär bestimmte Vorräte oder einige Maschinen zustehen. Vielmehr ist der Aktionär „abstrakter" Eigentümer, dem ein gewisser Anteil des Reinvermögens des Unternehmens gehört.

Wird eine Aktiengesellschaft gegründet, so wird dort auch festgelegt, in wie viele Stücke, also einzelne Aktien, das vorhandene Grundkapital aufgeteilt werden soll. Aktien können zum einen als Papierstücke gedruckt und dann ausgegeben werden oder sie bestehen in Form einer Globalurkunde. Hierbei werden die Rechte mehrerer Aktionäre einheitlich verbrieft, damit die einzelnen Depots besser verwaltet werden können.

Werden Aktien ausgegeben, so wird dies im allgemeinen Emission genannt. Erhöht sich das Kapital oder möchten Aktionäre ihr Kapital durch die Aufnahme neuer Teilhaber erweitern, so können zu jedem Zeitpunkt immer neue Aktien herausgegeben werden. Je mehr Anteile an einer Firma von einem Anleger erworben werden, desto größer ist selbstverständlich dann auch der Anteil am Unternehmen. Im Gegensatz zu anderen Anlageformen wie etwa festverzinsliche Wertpapiere, wo der Anleger als Gläubiger eines Unternehmens auftritt, ist der Aktionär durch den Aktienkauf Miteigentümer. Expandiert die Firma also, hat natürlich auch der Aktionär etwas davon. Je „unsicherer" die Aktie dabei ist, d. h. je weniger der Kursverlauf vorausgesagt werden kann, umso mehr Geld bekommt der Aktionär dann auch für seine Anteile. Jede Aktie wird heute durch eine eindeutige Kennziffer identifiziert. Das bis zu diesem Zeitpunkt in Deutschland geltende System der Wertpapierkennnummer (abgekürzt mit WKN) wurde noch bis zum Jahr 2003 allgemein benutzt. Schließlich wurde es dann auf der ganzen Welt durch die International Securities Identification Number (abgekürzt mit ISIN) ersetzt. Diese zwölfstellige ISIN-Kennziffer macht es möglich, jede Aktie in der ganzen Welt ohne Zweifel zu identifizieren, was für den freien Austausch von Aktien unverzichtbar ist. Denn jede Aktie muss selbstverständlich zweifelsfrei zuzuordnen sein, wenn mit Aktien gehandelt werden soll.

Ein konkretes Beispiel dafür ist hier einmal die Aktie des Versicherungskonzerns Allianz:

- WKN (alt, wird aber durchaus noch verwendet): 840400
- ISIN (neuer Standard, sollte heute verwendet werden): DE0008404005

Die ursprüngliche Wertpapierkennnummer ist somit auch jetzt noch ein essenzieller Bestandteil der neuen international vereinheitlichten Kennung. Eine International Securities Identification Number besteht aus den folgenden Elementen:

Das Beispiel: Allianz SE

Ländercode	Nationale Kennnummer	Eine Prüfziffer (NSIN)
DE	**000840400**	5
(für Deutschland)	(3 führende Nullen + alte WKN)	

Das zweite Beispiel: Microsoft Corporation

Ländercode	Kennnummer für USA und Kanada (CUSIP)	Eine Prüfziffer
US	**594918104**	5
(für die USA)	(CUSIP)	

3.2. BESTIMMUNG DES AKTIENPREISES

Die Preise der Aktien berechnet das Handelssystem immer nach der Anzahl der vorhandenen Kauf- und Verkaufsaufträge. Kauf und Verkaufsaufträge werden an der Börse gesammelt und es wird versucht, den Preis zu finden, bei dem die meisten Beteiligten zufrieden sind. So bestimmen in der Regel das Angebot und die Nachfrage an Aktien den Preis.

Auf den Präsenzbörsen, wie etwa die Börsen in Frankfurt, übernehmen Spezialisten die Aufgabe, den Handel zu überwachen. Beim Handelsplatz Xetra®, der vollelektronisch funktioniert, geschieht dies sogar automatisch. Unter Umständen ändern sich Aktienpreise sehr schnell und sind ständig neuen Veränderungen ausgesetzt.

3.3 WIE GENAU BRINGEN AKTIEN GELD?

Aktien können auf verschiedene Arten Geld bringen. Voraussetzung ist jedoch, dass die richtigen Aktien herausgesucht werden.

Zum einen können Anleger die Aktien kaufen, wenn sie gerade günstig sind, der Kurs also niedrig ist. Verkaufen die Anleger die Aktien dann wieder zu einem höheren Kurs, so machen sie Gewinn. Eine zweite Möglichkeit mit Aktien Geld zu verdienen ist die regelmäßige Dividenden-Auszahlung der Unternehmen. Durch den Erwerb von Aktien ist der Besitzer ja auch Teilhaber an dem Unternehmen. Verbucht das Unternehmen dann Gewinne, so beteiligt es natürlich auch die Anleger.

3.4. AKTIENARTEN

Aktien sind nicht gleich Aktien. Es gibt viele Möglichkeiten, die einzelnen Aktien voneinander zu unterscheiden, am wichtigsten sind jedoch Nennwert- und Stückaktien. Ganz gleich, welche Aktienart Sie kaufen, Sie sollten sich vorher immer gut über die Firmen informieren, in die Sie investieren. Auch über die unterschiedlichen Aktienarten sollten

Sie sich im Klaren sein, denn für die Höhe des Gewinnes kann dies unter Umständen doch entscheidend sein.

Im modernen Aktienrecht wird es den Unternehmen freigestellt, alle Aktionäre gleich zu behandeln. Dies wird Prinzip der Einheitsaktie genannt. Die Unternehmen können jedoch auch an verschiedene Aktionäre unterschiedliche Aktien abgeben, wenn sie dies möchten.

Bei Nennwertaktien steht auf der Aktienurkunde ein fester Betrag, also zum Beispiel 50 oder 100 Euro. Dieses fest investierte Kapital ist dann am Ende ausschlaggebend für die Berechnung des Gewinns. Wichtig ist dies vor allem, weil Aktien auch zu unterschiedlichen Teilen mit unterschiedlichen Beträgen ausgegeben werden können. Beispielsweise ist es möglich, ein Grundkapital von 100000 Euro in 1000 Aktien mit einem Wert von je 50 Euro und 50 Aktien zu einem Wert von je 1000 Euro aufzuteilen. Oft ist der Nennwert einer Aktie ein Euro, dies muss jedoch nicht zwingend so sein. Wie viele Aktien insgesamt freigegeben werden und wie hoch dementsprechend der Nennwert ist, entscheidet hier die Satzung der Aktiengesellschaft.

Nennwertlose Aktien werden auch Stückaktien und Quotenaktien genannt. Hier wird kein bestimmter Grundwert eingetragen, sondern die Aktionäre bekommen ihren Gewinn, der vom Grundkapital abhängig ist. Entscheiden Sie sich also Aktien zu verkaufen, wird hier der Gewinn größer und die Gewinnspanne wird breiter, wenn sich das Grundkapital erhöht.

Wird weniger Gewinn eingefahren und die Gewinnspanne kleiner, so erhöht sich das Grundkapital auch nicht so stark, und die Aktionäre bekommen daher auch weniger ausgezahlt.

Ist das Grundkapital am Ende beim Aktienverkauf sogar geringer als zum Zeitpunkt des Aktienkaufs, dann bedeutet dies für den Aktionär einen Verlust. Wie viel der Aktionär dabei verliert, richtet sich ebenfalls nach seinem Anteil an den Aktien.

Dieses Beispiel soll Ihnen dies einmal besonders verständlich zeigen:

Wird ein Grundkapital von 200.000 Euro in 1000 Aktien aufgeteilt, so bedeutet eine Aktie ein Kontingent von genau 1/1000 oder 0,1 % am Grundkapital und somit natürlich auch am Unternehmen. Der fiktive Nennwert einer Aktie wäre hier 200 Euro (1000 [Aktien] x 200 Euro = 200.000 Euro).

Den Buchwert einer Aktie berechnen Aktionäre somit aus der Differenz von Eigenkapital und Anzahl der Aktien. Der Börsenwert errechnet sich hier, indem die Anzahl der Aktien mit dem Börsenkurs multipliziert wird. Für den Gewinn macht es natürlich einen Unterschied, ob Sie Nennaktien oder nennwertlose Aktien kaufen beziehungsweise schon besitzen. Darüber hinaus gibt es selbstverständlich noch andere Möglichkeiten, um Aktien zu unterscheiden.

Junge und alte Aktien

Möchte ein Unternehmen durch die Ausgabe weiterer Aktien sein Kapital erhöhen, so werden diese Aktien dann neue Aktien genannt. Alte Aktien waren dagegen schon vor der Erhöhung des Kapitals vorhanden. Wer alte Aktie besitzt, erhält als Ausgleich (da die einzelnen Anteile durch die Zunahme der Aktienzahl geringer ausfallen) ein Vorzugsrecht, was sie zum Kauf neuer Aktien berechtigt. Dieses Vorzugsrecht kann ebenso wie die Aktien selbst auf Handelsplattformen verkauft werden.

Stammaktien und Vorzugsaktien

Mit dem Erwerb von Aktien ist der Aktionär Teilhaber der Firma. Dies bedeutet, dass er ein Mitspracherecht hat. Aktien, bei denen die Aktionäre mitbestimmen und in der Jahreshauptversammlung abstimmen, werden Stammaktien genannt. Hat ein Aktionär diese Aktien, kann er dadurch aktiv auf die Firmenpolitik Einfluss nehmen und beispielsweise bei Entscheidungen, die ihm nicht gefallen, sein Veto einlegen. So kann ein Aktionär durch seinen Anteil an Stammaktien der Firma und dem damit verbundenen Stimmrecht dazu beitragen, dass beispielsweise eine Übernahme durch ein anderes Unternehmen verhindert wird.

Wer Vorzugsaktien besitzt, verzichtet im Regelfall auf dieses Recht, bekommt dafür aber auch mehr vom Gewinn ausgezahlt. Die Dividende dieser Aktien ist so etwas höher als bei Stammaktien. Daher wird der normale Anleger sich eher für diese Aktienform entscheiden, da der Gewinn höher ist. Dies führte dazu, diese Aktien „Vorzugsaktien" zu nennen. Meist bieten Firmen nur Stammaktien an. Einige Firmen, wie etwa Volkswagen, bieten jedoch beide Formen an.

Inhaberaktien und Namensaktien

Die meisten Aktien sind Inhaberaktien, das heißt, die Aktien gehören demjenigen, der sie gerade gekauft und somit das Papier in seinem Besitz hat. Auch der Gewinn wird an den Inhaber ausgezahlt. Es existieren daneben sogenannte Namensaktien, bei denen der Name des Aktionärs ins Aktienregister eingetragen wird. Diese Aktien gehören dann nur diesem Aktionär. Hier noch einmal ein Beispiel für Aktienarten:

Im Anhang ihres Jahresabschlusses beschreibt ein Unternehmen die Anzahl und die Art der ausgegebenen Aktien wie folgt: Die Anzahl der am 31. Dezember 2014 ausgegebenen Stammaktien mit einem Nennwert von einem Euro wird auf insgesamt 10.000.000 Stück festgelegt, die Zahl der ohne Stimmrecht ausgestatteten Vorzugsaktien mit einem Nennwert von einem Euro wird auf insgesamt 2.000.000 Stück angesetzt. Sämtliche Aktien sind auf den Inhaber überschrieben. Insgesamt hat die Aktiengesellschaft somit ein Grundkapital von 12.000.000 Euro.

Die Aktiengesellschaft bietet hier also zwei verschiedene Aktienarten bzw. Aktiengattungen an: Einmal Stammaktien im Wert von einem Euro, die auf den Inhaber laufen und zum anderen Vorzugsaktien im Wert von einem Euro, die ebenfalls auf den Inhaber laufen. Des Weiteren wird auch noch zwischen zyklischen und antizyklischen Aktien unterschieden.

Als zyklische Aktien werden die Aktien von Branchen und Unternehmen bezeichnet, deren Gewinn stark von der Konjunktur abhängig ist. Vor allem sind dies Unternehmen, die „Luxusgüter" produzieren, also Güter, die vor allem dann von den Konsumenten erworben werden, wenn es dem Land wirtschaftlich gut geht und die Menschen genug Geld haben, um diese Güter auch kaufen zu können. Diese Güter sind nicht unbedingt zum Leben notwendig wie beispielsweise Essen und Trinken.

Beispiele für solche Unternehmen sind die Daimler AG (hochwertige Autos), Deutz (Maschinenbau), Booking Holidays (Urlaub) oder Royal Caribbean Cruises (Kreuzfahrten). Vor allem Unternehmen im Bereich Autos, Maschinenbau, Technik, Immobilien, Kaufhäuser, Schmuck, Reisen, Boote oder auch teure Markenkleidung sind solche Unternehmen, bei denen der Aktienwert steigt, wenn die wirtschaftliche Lage dementsprechend gut ist. Denn haben Menschen kein Geld, können sie dieses natürlich nicht ausgeben. Die Chemiebranche ist ebenfalls zyklisch. Denn wenn beim wirtschaftlichen Boom mehr Autos gebaut werden, werden natürlich auch mehr Lacke für die Produktion gebraucht. Auch Banken und Versicherungen zählen zu den zyklischen Aktien, denn diese können mehr Geld zur Anschaffung von Konsumgütern verleihen, wenn es der Wirtschaft gut geht. Banken werden in wirtschaftlich guten Zeiten mehr Geld durch Investment und Spareinlagen verdienen, da die Kunden mehr Geld zur Verfügung haben. Die Ausfälle durch Zahlungsunfähigkeit in wirtschaftlich guten Zeiten werden ebenfalls viel geringer sein. Wer somit am Aufschwung der Krisenländer wie Irland, Spanien, Italien oder Griechenland profitieren möchte, investiert in Aktien dieser Länder im Bereich der Finanzen.

Antizyklische Aktien sind Aktien von Unternehmen in Branchen, die eher bei wirtschaftlich schlechterer Lage ins Gewicht fallen. Ihr Wert steigt immer dann, wenn die wirtschaftliche Lage nicht gut ist. Denn bestimmte Güter wie Nahrungsmittel, aber auch die bloße Wasserversorgung, sind essenziell für unser Leben und werden auch in wirtschaftlich schlechten Zeiten gebraucht.

Insgesamt gesehen werden zyklische Aktien höher bewertet, da diese dank der Kauflust der Konsumenten in wirtschaftlich besseren Zeiten stark an Wert gewinnen. Die Werte dieser Aktien schwanken mehr, da diese Güter ja nicht unbedingt zum täglichen Leben gebraucht werden. Ist die wirtschaftliche Lage schlecht, werden Konsumenten diese Güter auch weniger erwerben, wohingegen zum Beispiel Nahrungsmittel zu jeder Zeit gekauft werden. Manchmal kann es sogar passieren, dass es für die Anleger zum Totalverlust kommt. Dies passiert immer dann, wenn wegen der schlechten wirtschaftlichen Lage Unternehmen keine Aufträge mehr bekommen und es zu Insolvenzen kommt. Sie sehen: Vor dem Aktienkauf oder Verkauf sollten Sie gründlich darüber nachdenken, mit welchen Aktien sie handeln und von welchen Unternehmen diese Aktien ausgegeben werden. Wer noch nicht so geübt im Aktienhandel ist, sollte am besten erst einmal in Aktien investieren, die weniger wirtschaftlichen Schwankungen ausgesetzt sind und die schon über einen längeren Zeitraum an der Börse gekauft und verkauft werden und daher etwas mehr Sicherheit versprechen. Investoren sollten sich vor dem Aktienkauf genau die Zyklen der Unternehmen anschauen, von denen sie Aktien erwerben wollen und sich im Klaren sein, wieso das jeweilige Unternehmen bei einem wirtschaftlichen Aufschwung auch davon profitiert. Denn nicht jedes Chemieunternehmen beliefert zum Beispiel zyklische Unternehmen, selbst wenn dies doch in den meisten Fällen so ist.

Investoren sollten also genau hinschauen, wie die Aktienkurse der Firmen, in die sie investieren wollen, in den letzten 20 Jahren verlaufen sind.

In den Jahren 2002 und 2008 kam es beispielsweise auch zu Wirtschaftsabschwüngen. Hier könnten Investoren schauen, wie die Aktie auf diesen Wirtschaftsabschwung reagiert hat und wie sie sich in der Zeit danach entwickelt hat.

Wenn die Aktie beim Abschwung stark gefallen ist und sich dann schnell wieder erholt hat, ist diese Aktie sehr wahrscheinlich zyklisch. Dies wird auch technische Analyse genannt, dazu aber später im Text noch nähere Informationen.

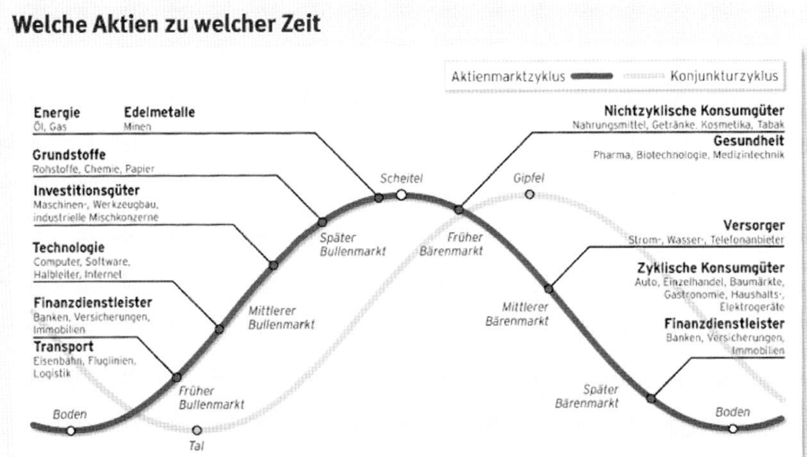

Quelle: https://www.banken-auskunft.de/boerse/aktienmarktzyklus-konjunktur

Bedenken sollten Sie beim Aktienkauf auch, dass Aktien manchmal auch überbewertet sein können, wenn es wie zwischen 2000 und 2007 eine längere Zeit gibt, wo sich die Wirtschaft im Aufschwung befindet. Hier wollen dann so viele Anleger diese Aktien kaufen, dass sie oftmals sehr viel Geld investieren müssen, um diese zu bekommen. Es ist dann schwieriger, bei einem eventuellen Verkauf der Aktien etwas daran zu verdienen.

3.5. WELCHE VORTEILE UND WELCHE NACHTEILE HABEN AKTIEN?

Die Investition in Aktien hat einige Vorteile, aber auch ein paar Nachteile. Zuerst einmal zu den Vorteilen: Die allergrößte Attraktivität der Aktien liegt sicherlich in den möglichen Kurssteigerungen und der damit verbundenen Aussicht auf Gewinn in Form von Dividendenauszahlungen. Die Dividende ermöglicht es den Aktionären, eine recht hohe Verzinsung ihrer Investition zu bekommen, auch wenn sie im Augenblick nicht verkaufen wollen. Dies ist besonders interessant, wenn der Leitzins wie im

Moment sehr tief angesetzt ist und es für Tagesgeldkonten eigentlich so gut wie keine Zinsen mehr gibt.

Aktien versprechen durch die starken Kursschwankungen sowohl kurzfristige als auch langfristige Gewinne, und wer in Fonds investiert, hat ein vergleichbar geringes Risiko. Der DAX hat beispielsweise in den letzten 20 Jahren seinen Punktestand verfünffacht. Hier sehen Sie, welche Gewinne mit Aktien möglich sind, denn dies bedeutet aufs Jahr gerechnet eine Rendite von 10-25 %, was die festverzinslichen Anlagen Ihnen in der Regel nicht bieten können.

Auch die Liquidität ist ein Vorteil der Aktien, denn Aktionäre können ihre Aktien während der Handelszeiten immer wieder verkaufen oder neue erwerben. Mit Aktien sind Sie sehr flexibel. Sie können sie als langfristige Anlage nutzen, aber auch kurzfristig am Markt spekulieren.

Die meisten Aktionäre sind bei der Hauptversammlung stimmberechtigt, wenn sie nicht Vorzugsaktien besitzen und dadurch auf dieses Recht verzichtet haben. Dies bedeutet, dass Sie aktiv mit in die Firmenpolitik eingreifen und bei Entscheidungen der Unternehmensführung mitbestimmen können. Natürlich hat dies bei einem millionenschweren Unternehmen nicht die Gewichtung, aber es macht in der Masse doch etwas aus.

Durch die große Vielfalt an Aktien ist der Markt auch sehr vielfältig und interessant. Für Menschen, die im Alltag Spaß am Risiko haben, ist eine Investition in Aktien das Richtige.

Aktien haben jedoch nicht nur Vorteile, sondern auch einige Nachteile:

Der Aktienkauf bietet nie 100%ige Sicherheit und birgt immer ein Risiko. Der Anleger sollte auch grundsätzlich Spaß und Freude an einem bestimmten Nervenkitzel haben. Nur so können Sie wirklich erfolgreich handeln.

In wirtschaftlich schlechten Zeiten drohen bei einer Investition in Aktien auch nicht selten große Verluste. Hat man nur Anteile von einem Unternehmen, droht bei der Pleite dieses Unternehmens sogar ein Totalverlust des investierten Geldes. Anleger brauchen daher eine gute

Strategie beim Aktienkauf und Aktienverkauf, um Gewinne zu erzielen. Dies bedeutet, dass Sie auch Zeit in den Handel mit Aktien investieren müssen und es nicht damit getan ist, Geld einfach zurückzulegen.

Dazu richten sich die Renditen bei Aktien immer nach Aktienkurs und Dividende, sie sind also nicht fest und sicher. Das in Aktien investierte Geld sollte daher auch nicht zum täglichen Leben benötigt werden. Seit 2009 sind Aktienkäufe in Deutschland zudem steuerpflichtig. Durch die Abgeltungssteuer müssen Anleger auf alle Kursgewinne recht hohe Steuern zahlen (20-25 %), was den Gewinn deutlich schmälert.

3.6. DER AKTIENKURS

Eigentlich richtet sich der Preis einer Aktie nach Angebot und Nachfrage. Als es noch keine Computer gab bzw. der Handel von Aktien mit dem Computer noch nicht so verbreitet war, gab es sogenannte Kursmakler oder Broker, die Käufer und Verkäufer von Aktien zusammenbrachten. Sie sammelten deren Wünsche, die auch Orders genannt werden. Heute vergleichen Computer die Anzahl der Angebote und der Nachfragen und legen so einen Preis fest, bei dem möglichst viele Nachfrager und Anbieter zusammenkommen. Es gibt dafür elektronische Handelssysteme wie etwa Xetra, das Handelssystem der Deutschen Börse AG. So funktioniert die Preisbildung im Prinzip auch beim Computer genauso wie damals bei den Maklern: Käufer und Verkäufer kommen hier auf der Handelsplattform zusammen. Je mehr Nachfragen und Angebote befriedigt werden können, desto besser ist dies selbstverständlich für den Handel mit den Aktien. Dabei gibt es 2 verschiedene Kursarten:

Zum einen gibt es den Verkaufskurs, auch Briefkurs genannt. Dieser zeigt an, zu welchem Preis die einzelnen Aktionäre ihre Aktien verkaufen wollen. Zum anderen gibt es den Geldkurs. Dies ist der Kurs, den ein Käufer bereit ist, für die Aktie zu zahlen.

Nun wird verglichen, bei welchem Betrag möglichst viele Brief- und Geldkurse übereinstimmen. Früher erledigten dies auch die Makler, heute kann dies der Computer in wenigen Sekunden ausrechnen. Überschneiden sich die beiden Preise, so kommt ein Handel mit den Aktien zustande. Liegen die Preise zu weit auseinander, kommt kein Handel zustande.

Der Börsenwert einer Aktie wird bestimmt, indem der Aktienkurs mit der Anzahl der Aktien multipliziert wird, die in den freien Umlauf gebracht wurden. Denn beides trägt zu dem Wert der Aktie bei. Je mehr Aktien von einem Unternehmen ausgegeben werden, desto mehr Aktionäre (Besitzer von Aktien) teilen sich den möglichen Gewinn, der dann natürlich geringer ausfallen wird. In der Fachsprache wird dies auch als Marktkapitalisierung oder englisch „market capitalisation", kurz „market Cap", bezeichnet. Dies erklärt auch die Unterteilung in sogenannte „Large Caps", „Mid Caps" und „Small Caps". „Large Caps" besitzen an der Börse einen Wert von mindestens 10 Milliarden Euro. Dies ist beispielsweise bei den großen DAX-Konzernen wie Volkswagen, SAP, Deutsche Telekom, Deutsche Bank, Daimler, Continental, BMW, Bayer, BASF oder Allianz der Fall. „Mid Caps" sind Unternehmen mit einem Börsenwert zwischen vier bis zehn Milliarden Euro. In Deutschland findet man diese Unternehmen im MDAX. Fraport, Fielmann, Hugo Boss oder Metro gehören in diese Kategorie.

„Small Caps" haben einen Börsenwert von 200 Millionen bis 4 Milliarden Dollar. Es existieren jedoch auch noch „Micro Caps" (10-20 Millionen Euro Börsenwert) und „Nano Caps" (unter 10 Millionen Euro Börsenwert). Oft werden diese auch „Hot Stocks" genannt, da Aktionäre hier besonders viel gewinnen, aber auch verlieren können. Anleger sollten dies immer im Hinterkopf haben, wenn sie in Aktien investieren. Besonders wer in diese Aktien investiert, sollte bedenken, dass es notwendig ist, sich regelmäßig damit zu beschäftigen, um auch wirklich einen Gewinn erzielen zu können. Vergleicht man die „Hot Stocks" mit den „Large Caps" und den „Mid Caps", so bieten sowohl „Large Caps" als auch „Mid Caps" relativ sichere Gewinne, da diese Unternehmen einen höheren Börsenwert und somit auch mehr Sicherheit bieten, da deren Aktienwerte aufgrund der größeren finanziellen Reserven seltener so hohen Schwankungen ausgesetzt sind.

3.7. WIE MIT AKTIEN GEHANDELT WIRD

Um sich Aktien zu kaufen, benötigen Sie ein Wertpapierdepot. Es ist beispielsweise möglich, dies bei einer Filialbank einzurichten, wo der Anleger meist durch kompetente Ansprechpartner beraten wird.

Es ist jedoch auch möglich ein Depotkonto bei einer Direktbank (wird auch „Discountbroker" genannt), also einer Online-Bank, zu eröffnen. Dies ist kostengünstiger, da diese alle Geschäfte am Telefon online abwickeln und keine Geschäftsstellen unterhalten müssen. Diese Banken können günstigere Konditionen bieten, denn sie müssen beispielsweise keine Mieten oder Gehälter für Angestellte zahlen.

Manche Geschäftsbanken verlangen für die Verwahrung der Wertpapiere eine Gebühr von bis zu 30 Euro im Jahr. Auch die Provisionen fallen hier ins Gewicht und müssen vom Gewinn der Aktien abgezogen werden. Meist verlangen Geschäftsbanken eine Provision von ca. 1 %, was bei 5000 Euro schon 50 Euro entspricht. Onlinebanken haben in der Regel keine Orderkosten und verlangen für gewöhnlich auch geringere Gebühren, für die Abwicklung der Transaktionen. Bei Onlinebanken zahlen Anleger bei einem Aktienpaketkauf meist ca. 0,1 % Gebühren. Bei einem Aktienpaket von 5000 Euro somit nur 5 Euro. Der Anleger hätte dadurch 45 Euro mehr als bei einer Geschäftsbank, die branchenübliche und durchschnittliche Transaktionsgebühren verlangt.

Bei einer Direktbank kann der Interessent außerdem zu jedem Zeitpunkt Aktien kaufen und muss dazu nicht in die Filiale gehen. Dafür ist er jedoch weitestgehend auf sich selbst gestellt und sollte also mit den Aktien gut vertraut sein, denn in der Regel gibt es hier keinen Berater. Ausweisen muss sich der Kunde per postident-Verfahren bei der Post. Hat der Kunde erst einmal Geld auf sein Depot eingezahlt, kann es auch schon losgehen mit dem Aktienhandel.

3.8. WELCHE AUFGABEN HAT DIE BÖRSE?

An der Börse werden Wertpapiere wie Aktien und Anleihen gehandelt, aber auch Waren, Devisen und Derivate. Vor allem ist die Börse ein Marktplatz oder auch Tauschplatz für Investoren, die Anteile von Firmen kaufen oder verkaufen wollen. Hier treffen Investoren die Aktien verkaufen wollen auf Investoren die Aktien kaufen wollen. Die Börse hat die Aufgabe, einen angemessenen Preis für diesen Austausch festzulegen. Der Preis, der an der Börse bezahlt wird, entwickelt sich ausschließlich aus der Anzahl vorhandener Kaufanfragen und Verkaufsanfragen, also aus Angebot und Nachfrage. Je mehr Menschen eine bestimmte Aktie kaufen wollen, desto größer ist die Nachfrage und umso teurer sind dann die einzelnen Anteile am Unternehmen. Eine Börse ist zum Handel nicht zwingend notwendig, jedoch unter vielen Gesichtspunkten sehr sinnvoll. Es gibt Handel außerhalb der Börse, der OTC-Handel („over the counter") genannt wird. Hier werden die Konditionen von den Parteien selbst festgelegt. Eine Börse hat jedoch viele Vorteile:

Alle Geschäfte dort sind stark reguliert und sehr standardisiert. Käufer wissen also genau, worauf sie sich einlassen. Der Käufer weiß außerdem, wie es zu dem Preis an der Börse kommt, und kann dies nachvollziehen. Zusätzlich hat die Börse auch noch andere Regulatoren, die den Aktienhandel sicherer machen sollen. So müssen in Deutschland beispielsweise Unternehmen an der Deutschen Börse ihre Unternehmenszahlen quartalsweise offenlegen, obwohl es per Gesetz nur einmal im Jahr notwendig ist, die Bilanzen der Unternehmen zu veröffentlichen. Die geringen Transaktionskosten sind ein weiterer Vorteil der Börse, da dort der Handel standardisiert ist und dort täglich millionenfach Geschäfte abgeschlossen werden.

Die Kosten sind somit viel geringer, als wenn ein Verkäufer direkt nach einem Käufer Ausschau halten müsste. Außerdem erreicht ein Käufer so viel mehr Verkäufer und ein Käufer trifft auf viel mehr Verkäufer. Dank des

Internets ist es heute rund um die Uhr möglich, an der Börse zu handeln, egal wo man sich gerade befindet.

Die Börse kann zusätzlich als Finanzierungsinstrument dienen. Hat ein Unternehmen den Wunsch nach mehr Eigenkapital, bietet es seinen Investoren Aktien zum Kauf an. Es tauscht Anteile seines Unternehmens gegen Anteile, also Geld. Natürlich geht dies auch ohne die Börse und Unternehmen können ebenso Anteile verkaufen, wenn sie nicht an der Börse gelistet sind.

Hat ein Unternehmen jedoch den Wunsch, seine Anteile möglichst vielen Interessenten zugänglich machen, ist es sinnvoll, wenn das Unternehmen auch Handel an der Börse betreibt. Dazu muss es einen sogenannten „Börsengang" durchführen. Dieser Prozess ist zwar sehr kompliziert, jedoch auch hoch standardisiert. Als Erstes wird das Unternehmen eine oder mehrere Investmentbanken mit diesem Börsengang beauftragen. Diese Investmentbanken versuchen nun anhand der zur Verfügung stehenden Unternehmensdaten und -zahlen das Unternehmen zu bewerten und dabei einen möglichst fairen Preis für diese Aktien festzulegen. Als Nächstes werden von den Bänkern sogenannte „Roadshows" organisiert. Hier werden größere Investoren wie beispielsweise Investmentfonds gesucht, die bereit sind, in das Unternehmen zu investieren. Wurden mehrere Investoren gefunden, die bereit sind, in das Unternehmen zu investieren, kommt es zu einer Bieterrunde.

Die Investoren sagen hier, was sie maximal bereit sind zu investieren und zu welchem Preis sie wie viele Anteile kaufen wollen. Investmentbanken sammeln nun die Angebote und entscheiden mit dem Unternehmen darüber, welcher Interessent wie viele Anteile bekommt. Im Idealfall ist die Nachfrage nach den Anteilen dabei größer als das Angebot, die Angebotsrunde wäre somit überzeichnet. Die Unternehmen können sich somit die Investoren aussuchen, die bereit sind, den höchsten Preis zu bezahlen. Dies passiert jedoch noch nicht an der Börse. Erst dann, wenn alle Aktien in Pakete aufgeteilt und den Investoren zugeteilt wurden, startet der Börsenhandel. Von diesem Moment an ist es möglich, dass Aktien frei über den Handelsplatz der Börse gekauft oder verkauft werden. Es ist Tradition, dass Unternehmen, die gerade neu an der Börse sind, am Morgen die Börsenglocke klingeln dürfen und so die Börse eröffnen. Das Kapital, was die Investoren eingesammelt haben, wird nun im Eigenkapital des Unternehmens aufgeschrieben. Der gesamte Börsenhandel, der danach stattfindet, betrifft somit auch nicht mehr das Eigenkapital des Unternehmens. An der Börse findet nur ein reiner Tausch an Wertpapieren oder Anteilen zwischen den Investoren statt.

Möchte ein Unternehmen sein Kapital erhöhen, so läuft dies so ähnlich ab wie ein Börsengang. Hier erhöht das Unternehmen die Anzahl der Aktien, es gibt somit neue Anteile heraus um wieder neues, frisches Eigenkapital einzunehmen. Nun haben bestehende Aktionäre das Vorrecht, diese Anteile zu kaufen. In der Regel bekommen sie diese Anteile auch zu einem günstigeren Preis als neue Aktionäre.

Die Börse bietet Unternehmen nicht nur die Möglichkeit, sich Eigenkapital zu beschaffen. Auch Fremdkapital kann durch die Börse beschafft werden. Dieses Fremdkapital wird dann „Unternehmensanleihen" genannt. Das Unternehmen nimmt hier quasi Kredite über die Investoren auf dem Markt, und nicht bei Banken, auf. Gesucht werden diese Investoren ebenfalls in „Roadshows".

Börsen sind meistens auch selbst Aktiengesellschaften, die ihren Handel über die Börse betreiben und abwickeln. So wird zum Beispiel die Deutsche Börse AG selbst als Unternehmen im DAX aufgelistet. Die Deutsche Börse beispielsweise verdient ihr Geld ebenfalls durch Börsenkommissionen, d. h. wird eine Aktie hier verkauft, kassiert sie eine Provision dafür, dass sie den Handel mit den Aktien abgewickelt hat. Die wichtigsten Aktienmärkte werden weiter unten noch genauer genannt. Wichtig ist, dass eine Börse nicht das Gleiche wie ein Index ist. Nicht selten sind Indizes jedoch Teil einer Börse. Die Indizes helfen dabei, sich einen Überblick über den allgemeinen Verlauf der Kurse bei unterschiedlichen Aktien zu verschaffen. Mehr dazu aber etwas später in diesem Text.

Die Börse hat als Kernaufgabe einen möglichst fairen Preis für die Aktien bereitzustellen und Käufer und Verkäufer zusammenzubringen. Wie die Börse es nun schafft diese beiden Gruppen zusammenbringen, zeigt dieses Beispiel:

Auf der einen Seite sind Käufer, die ein Wertpapier zu einem möglichst niedrigen Preis erwerben wollen. Auf der anderen Seite sind die Verkäufer, die beim Verkauf der Aktien möglichst viel Geld verdienen wollen. Jeder Käufer und jeder Verkäufer hat deswegen eine ganz unterschiedliche Preisvorstellung. Anders als man vielleicht zuerst denken würde, wird hier kein Preisdurchschnitt gebildet. Die Börse legt hier stattdessen einen Preis fest, bei dem ein möglichst hohes Handelsvolumen stattfinden kann. Das heißt, sie versucht, einen Preis zu finden, bei dem möglichst viele Käufer, aber auch Verkäufer, gleichzeitig befriedigt werden. Beispiel: Aktien mit einem Wert von 10 Euro.

Zum einen sind die Käufer: Hier gibt es beispielsweise einen Käufer, der 500 Aktien kaufen und maximal 11 Euro für eine Aktie bezahlen würde. Selbstverständlich würde er sie auch nehmen, wenn sie günstiger wäre. Der zweite Käufer möchte 200 Aktien zu je 10 Euro kaufen und der dritte Käufer möchte 400 Aktien zum „Billigstpreis" kaufen, er hat also kein Limit angegeben und ist bereit, die Aktien zu jedem angebotenen Preis zu kaufen.

Bei den Verkäufern sieht es folgendermaßen aus: Der erste Verkäufer möchte 600 Aktien für nicht weniger als 11 Euro verkaufen. Der zweite Verkäufer möchte 200 Aktien zu nicht weniger als 12 Euro verkaufen. Der dritte Verkäufer möchte 300 Aktien zum besten Preis verkaufen, den er bekommen kann.

Früher, vor dem Internet, haben sich die Broker oder Vermittler an der Börse noch die verschiedenen Preise zugerufen und der Börsenhändler hat dann aus den ganzen Anfragen und Angeboten einen Preis gebildet. Heute übernehmen Computerprogramme, wie zum Beispiel Xetra, das Handelssystem der Deutschen Börse, diese Aufgabe.

Wir sehen: Bei einem Wert von 10 Euro würden 2 Käufer insgesamt 600 Anteile kaufen, aber nur ein Käufer 300 verkaufen. Also beträgt das Handelsvolumen hier 300 Aktien. Bei einem Wert von 11 Euro würden auf der Käuferseite 2 Personen mit insgesamt 900 Aktien stehen und auf der Verkäuferseite 2 Verkäufer 900 Aktien verkaufen. Bei einem Wert von 12 Euro würde nur ein Käufer 400 Aktien kaufen. Verkaufen würden aber alle Verkäufer, also gibt es auf der Verkäuferseite 1100 Aktien. Dennoch wäre der Handelsumsatz nur 400 Aktien.

Hier sieht man, dass bei einem Wert von 11 Euro der größte Handelsumsatz stattfindet. Somit wird die Börse diesen Wert verlangen und festsetzen. Das war selbstverständlich nur ein vereinfachtes Beispiel, dennoch zeigt es gut, wie eine Börse funktioniert und welche Aufgaben die Börse insgesamt hat und wie sie diese am geschicktesten löst.

Die Börse bringt somit Käufer und Verkäufer zusammen und schafft es dabei, ein transparenter Handelsplatz zu sein, der beim Handel mit den Wertpapieren dafür sorgt, dass alles mit rechten Dingen zugeht. So bietet die Börse eine gewisse Transparenz und Sicherheit und sie sorgt für eine einheitliche Abwicklung der Käufe und Verkäufe. Die Börse ist ein öffentlich-rechtlicher Marktplatz, was ebenfalls Sicherheit bietet, denn alle Marktteilnehmer sind hierbei an die gesetzlichen Vorgaben gebunden. Beim Handel außerhalb der Börse würde der Anleger ein privatrechtliches Vertragsverhältnis eingehen, welches natürlich auch mit mehr Risiko behaftet ist. Allerdings kennt der Anleger dort in der Regel den exakten Handelspreis und kann zu jedem Zeitpunkt den Handel abschließen. Bei der Börse kann es gerade in wirtschaftlich unruhigen Zeiten zu hohen Schwankungen kommen, selbst in der Zeit, wo der Anleger sein Gebot abgibt. Diese Schwankungen müssen Anleger auch einkalkulieren.

3.9. WAS SIND BROKER?

Das Wort Broker kommt aus dem Englischen und bedeutet so viel wie Makler, Vermittler oder Zwischenhändler. Als Finanzdienstverwalter sorgt der Broker dafür, dass die Order von Wertpapieren ordnungsgemäß durchgeführt werden. Der Broker bringt Käufer und Verkäufer zusammen und sorgt dafür, dass der Handel mit Aktien geordnet verläuft und dass möglichst viele Käufer und Verkäufer mit dem Handel zufrieden sind. Diese vermittelnde Tätigkeit wird auch Brokerage genannt. Früher übernahmen Makler diese Aufgaben, indem sie alle eingehenden Angebote und Nachfragen sammelten und dann schauten, bei welchem Betrag möglichst viele Käufer und Anbieter zusammenkommen.

Heute wird diese Aufgabe von einem Computer durchgeführt. Sogenannte Online-Broker übernehmen heut die Ausführung von Wertpapieraufträgen, die auch Orders genannt werden, für ihre Kunden.

Auch in der Zeit der ständig fortschreitenden Digitalisierung ist es Privatpersonen nicht möglich, direkt mit Wertpapieren oder auch anderen Finanzinstrumenten zu handeln. Selbst wenn Privatpersonen viel Kapital besitzen, ist dies nicht möglich.

Wenn Privatpersonen also an Börsen oder auch anderen Märkten wie etwa auf dem Devisenmarkt handeln möchten, benötigen sie einen Broker, der hierbei die Rolle des Maklers übernimmt und zwischen den Käufern und Verkäufern vermittelt.

So wird sichergestellt, dass möglichst viele Transaktionen stattfinden und sowohl Käufer als auch Verkäufer mit den Transaktionen zufrieden sein können. Ohne einen Broker könnten sowohl Käufer als auch Verkäufer die Preise willkürlich festsetzen und es käme oft zu keiner Einigung. Allerdings sind auch hier die Hürden gesunken. Da es heute viele Online-Broker gibt, die menschliche Broker mehr und mehr ersetzen, haben Privatanleger heute viel mehr Auswahl an Brokern und können sich so die für sie besten Broker aussuchen.

Ein Broker fungiert also zum einen als Zwischenhändler zwischen den Anlegern und den Handelspartnern außerhalb der Börse und zum anderen zwischen den Anlegern und den Börsen. Er handelt dazu mit Wertpapieren wie etwa Aktien oder auch mit Termingeschäften auf Waren, Rohstoffe oder Energie. Der Handel findet dabei entweder an

Börsenplätzen als auch außerhalb der Börse statt, wobei dies dann als sogenannter OTC oder „over the counter“ Handel bezeichnet wird. Der Name kommt daher, da Devisengeschäfte früher immer zwischen Banken stattfanden, also von Tisch zu Tisch. Nur die Banken durften früher diese Geschäfte tätigen.

Für die Vermittlungstätigkeit erhält der Broker eine Vermittlungsgebühr, die auch als Courtage oder Brokerage bezeichnet wird. Da Privatpersonen nicht an der Börse aktiv werden können, brauchen sie einen guten Broker, der diese Aufgabe für sie übernimmt und der bei der Finanzaufsicht zugelassen ist. Privatpersonen ist es nicht erlaubt direkt an der Börse aktiv zu werden und ihre Kauf- oder Verkaufsaufträge abzugeben, da beim Handel ein gewisser Standard eingehalten werden und jeder die gleichen Chancen auf einen guten Handel haben soll. Ein Broker ist daher bildlich gesehen quasi eine Schnittstelle für Privatpersonen zu den großen Märkten.

Manche Broker führen jedoch auch beratende Tätigkeiten aus und erstellen Analysen und Berichte zu Finanzmärkten. Auch geben Broker oft aufgrund ihrer Analysen Wertpapierempfehlungen an ihre Kunden ab. Broker arbeiten dabei immer auf fremde und nie auf eigene Rechnung, d. h. sie bekommen von ihren Kunden die Aufträge, die sie dann an der Börse durchführen sollen. Im Gegensatz zu Börsenmaklern dürfen Broker auch für Privatkunden Handel innerhalb der Börse abwickeln. Die Gebühren, die sie dafür verlangen, werden „ticket fees“ genannt. Broker können grob in fünf Klassen eingeteilt werden: Dealing Desk, Market Maker, ECN, STP und IB.

Die Unterschiede liegen dabei in der Art wie Orders ausgeführt werden und in der Handelsspanne zwischen dem Kaufpreis der Aktie und dem Preis, den die Bank für die Rücknahme des Wertpapiers zahlen würde, den sogenannten Spreads.

Beim Dealing Desk wandert jeder Order an Aktien über einen Handelstisch der Handelsabteilung. Von dort wird der Handel mit den Aktien entweder über die Börse oder auch ohne Zwischenschaltung der

Börse meist als Interbankenhandel „over the counter" ausgeführt. Wird der Handel ohne die Börse abgewickelt, so ist der Händler meist auch Market Makler. Dies ist beispielsweise im CFD-Handel der Fall, wo Kursverlaufe richtig vorhergesagt werden sollen.

Ein Market Makler stellt dabei eigene Kurse. Oft versuchen Market Makler sogar, die Orders in ihrem eigenen System durchzuführen und dabei den einen Kunden gegen den anderen zu stellen. Die Order der Aktien verlässt also dabei überhaupt nicht das System des Maklers. Für den Broker ist das natürlich super, denn so macht er den größten Gewinn.

Die Abkürzung „ECN" steht für „Electronic Communication Network". Hier wird die Aktienorder direkt an den Interbankenmarkt weitergeleitet. Diese bestimmt dann auch den Preis der jeweiligen Aktie, wobei in der Regel noch eine Kommission für den Interbankenhandel dazukommt.

Bei diesem Broker ist kein Handelstisch zwischengeschaltet. Für den Kunden hat dies den Vorteil, dass er jederzeit die Order einsehen kann und er dadurch immer einen Überblick über den Markt hat.

„STP" steht für „Straight Through Processing". Hier wird jede Aktienorder an einen „Liquidity provider" weitergeleitet. Dies sind ein Börsenmakler und in der Regel eine Bank mit einem direkten Zugang zum Interbankenmarkt. Daher auch der Namen „Provider". Es wird durch diesen Broker ein Zugang zum Interbankenmarkt hergestellt und das vom Kunden eingezahlte Kapital dazu genutzt, dort am Interbankenmarkt Aktien zu kaufen und zu verkaufen. Dort kann dieser Börsenmakler die Aktien dann verkaufen.

Zusammengefasst werden „ECN" und „STP" Broker zu „NDD"-Broker. Als „NDD-Broker" gelten dabei alle Händler, wenn sie die Kauf- oder Verkaufswünsche der Kunden direkt an den Interbankenmarkt vermitteln. Der Kunde profitiert hier von den Preisen der Aktien auf dem Interbankenmarkt. Er kann dort natürlich auch dementsprechend verlieren.

Ein IB oder auch „Introducing Broker" ist ein einzelner Börsenmakler. Dieser bekommt für seine vermittelten Kunden und Geschäfte in der Regel auch eine höhere Entschädigung.

Es ist auch möglich, dass Broker als eine Art Mischform auftreten. Sie sind dann vielleicht in dem einen Bereich (zum Beispiel im Bereich des Foreign Exchange Market, kurz Forex, der mit Devisen bzw. fremden Währungen handelt) ECN und im anderen Bereich Market Makler.

Auf den ersten Blick scheinen diese Bezeichnungen erst einmal etwas kompliziert. Da Broker aber eine essenzielle Aufgabe im Aktienhandel übernehmen und sie für Privatpersonen beim Handel mit Aktien unverzichtbar sind, sollten Anleger diese wirklich mit Bedacht auswählen. Es ist somit schon ratsam, sich ganz genau mit dem Broker zu beschäftigen und herauszufinden, wie der ausgewählte Broker dann mit den Aktien handeln wird.

Broker sollten am besten rund um die Uhr oder zumindest in der Handelszeit gut erreichbar sein. Und hier beginnt auch schon das Problem: Sind die Mitarbeiter des von Ihnen gewählten Brokers auch immer deutschsprachig? Könnten Sie sich bei Bedarf mit den Mitarbeitern auch auf Englisch unterhalten oder sind Sie bei schnellen Kursbewegungen eventuell so aufgeregt, dass Sie dann nicht mehr alles in Englisch verstehen? Dann sollten Sie darauf achten, dass Sie immer einen deutschsprachigen Mitarbeiter erreichen können. Da unvorhergesehene Dinge oft dann passieren, wenn niemand damit rechnet, ist eine ständige Erreichbarkeit ein tatsächlich nicht zu unterschätzendes Kriterium. Dies ist vor allem wichtig, wenn beispielsweise eine Stopp-Order, also eine Anweisung, nur bis zu einem vorher festgesetzten Geldbetrag zu bieten oder bei Erreichen eines Mindestbetrags zu verkaufen, nicht so wie beabsichtigt durchgeführt wurde und Ihr Konto dadurch immer mehr ins Minus rutscht. Dann sollte der Broker für Sie gut zu erreichen sein. Oder wenn Sie sich nicht sicher sind, ob Ihr Auftrag online auch wirklich aufgegeben wurde. Ein guter Rat ist es, immer wichtige Daten wie Telefonnummer des Brokers und Depotnummer bereit zu haben. Am besten Sie haben irgendwo sichtbar eine Notiz, auf der Sie die wichtigen Daten Ihres Brokers notieren.

Von entscheidender Bedeutung kann sein, welche Software die Broker auf Ihrer Handelsplattform verwenden und ob Sie mit dieser Software gut zurechtkommen. Oder möchten Sie vielleicht Ihre eigene Software nutzen und die Aufträge dann in der Handelsplattform eintragen? Ein guter Broker stellt aber in jedem Fall genug Daten zur Verfügung, sodass Sie die Aktienkurse selbst gut analysieren und beurteilen können. Denn nur so ist es Ihnen möglich, die richtigen Entscheidungen zum Kauf oder Verkauf Ihrer Aktien zu treffen.

Außerdem ist die Differenz zwischen dem gewünschten Kurs und dem Kurs, zu dem der Handel tatsächlich ausgeführt wird, sehr wichtig. In der Fachsprache wird dies auch Slippage genannt.

Gerade bei politisch motivierten Marktbewegungen und starken Kursschwankungen kann es passieren, dass zwischen Order und Ausführung durch den Broker eine Differenz liegt. Diese sollte dabei jedoch in einem vernünftigen Rahmen bleiben und eine bestimmte Höhe nicht überschreiten.

Ein Beispiel: Durch eine falsche Buchführung oder hohe Schwankung beim Aktienkauf und Aktienverkauf kann es unter ungünstigen Umständen passieren, dass eine Stopporder bei 1005 Euro, statt wie vom Anleger bei 1010 Euro platziert, durchgeführt wird. Dadurch würde sich Ihr Gewinn um 5 Euro schmälern.

Manchmal kann der Aktienhandel nicht zu dem Preis stattfinden, den die Anleger gerne hätten. Es kommt dann zu einem sogenannten Requote, wie dies in der Fachsprache genannt wird. Ein verlässlicher Broker fragt Sie vor Ausführung des Handels, ob dieser auch wirklich so zu den genannten Bedingungen stattfinden soll. Bevor Sie den Handel tatsächlich so durchführen, sollte in der Praxis ein Fenster am PC darauf hinweisen, dass sich die Preise am Aktienmarkt in der Zwischenzeit geändert haben. Dazu sollten Sie als Anleger gefragt werde, ob dieser Handel auch wirklich unter diesen Bedingungen vollzogen werden soll. Es soll tatsächlich

Broker geben, die Handel dann einfach abschließen, ohne sich zuvor noch einmal das Einverständnis des Anlegers zu holen.

Sie sehen, dass auch die Wahl des richtigen Brokers nicht immer einfach ist und Sie durch die richtige Wahl sehr zu einem Erfolg beitragen können.

3.10. WAS SIND AKTIENINDIZES?

Aktienindizes sind Kennziffern zur Darstellung der Kursentwicklung von ausgewählten Aktien. Um Aktien gewinnbringend aussuchen zu können, sollten Anleger möglichst genau auf die Kursentwicklungen schauen, um die zukünftige Entwicklung der Aktien möglichst gut vorauszusagen. Indizes sollen auch immer die Entwicklung auf diesem Teilmarkt weltweit dokumentieren und bei den Anlegern für Transparenz sorgen. Somit sind Indizes auch ein Maß dafür, wie es der Wirtschaft in diesem Teilmarkt gerade geht und ob sich diese in einem Aufschwung, einem Boom oder eher auf einem absteigenden Ast befindet. Sie sind ein nützliches Stimmungsbarometer für einzelne Wirtschaftsbereiche und Volkswirtschaften. Oft werden sie daher auch als „Börsenbarometer“ bezeichnet. Indizes werden immer zu einem bestimmten Zeitpunkt gemessen und sind essenziell, um Aktien und ihre Entwicklung beurteilen zu können. Indizes sind also wichtige Hilfsmittel zum Vergleich der einzelnen Aktien und zur Vereinheitlichung auf dem Börsenmarkt. Ein Aktienfonds, der in große Firmen investiert, sollte grob gesagt ungefähr so viel Rendite abwerfen wie der DAX30, also der DAX-Wert, der die größten deutschen Standardwerte umfasst. Es gibt verschiedene Indizes, je nachdem, welche Aktien dort zusammengefasst und verglichen werden:

- Der Benchmark oder Vergleichsindex, der einen globalen oder nur einen regional begrenzten Markt abdeckt und es so ermöglicht, einzelne Fonds untereinander zu vergleichen oder im Verhältnis zu anderen

Märkten oder Branchen zu betrachten (z. B. S&P 500 oder EURO STOXX 50).

- Der Regionen- und Länder-Index, der aufzeigt, wie sich ein einzelnes Land bzw. eine Region entwickelt haben.
- Der Blue-chip-Index, der die größten Unternehmen innerhalb einer Region, eines Landes oder auch der Welt beinhaltet (z. B. DAX)
- Der Dividenden-Index, der die Aktien aufzeigt, welche die höchsten Dividenden ausschütten (z. B. DivDAX)
- Der Branchen- oder Sektor-Index, der Aktien von Unternehmen enthält, die zusammen in einer vergleichbaren oder in der gleichen Branche Waren und Leistungen anbieten (z. B. Automobilproduktion oder Banken).
- Ein Strategie-Index, der bei der Aktienauswahl eine vorher festgelegte Strategie verfolgt (z. B. ShortDAX).

Um die Aktien verschiedener Unternehmen vergleichen zu können, müssen Sie natürlich auch die Indizes „lesen" können. Die Indizes werden dabei nach verschiedenen Kriterien berechnet:

Zum einen gibt es hier den Startzeitpunkt als Ausgangspunkt der Berechnung. Die meisten Indizes beginnen an genau dem Tag, an dem ihre Zusammensetzung festgesetzt wurde. In einigen Fällen werden für einige Indizes allerdings auch Rückwärtsberechnungen durchgeführt, um plausible Werte für die Vergangenheit zu bekommen. So berechnet man den Deutsche Aktienindex DAX seit dem 1. Juli 1988 und startete dort bei 1.163,52 Punkten. Die Indexbasis lag hier bei 1.000,00 Punkten am 31. Dezember 1987. Manchmal werden beim Deutschen Aktienindex die Werte sogar bis in das Jahr 1948 zurückgerechnet.

Beim Kursindex oder auch Preisindex (englisch price index) errechnet sich der Wert des Index nur auf Grundlage der Aktienkurse und im Regelfall werden nur die Erträge aus Sonderzahlungen und Bezugsrechten zur Korrektur herangezogen. Der Kurs enthält keine Kapitalveränderungen und Dividendenzahlungen bedeuten dort somit eine Minderung des Kurses. Bei Indexfonds schütten Unternehmen diese Zahlungen im Regelfall an die Aktieninhaber selbst aus. Viele Blue-Chip-Indizes (z. B. Nikkei 225, Dow Jones, CAC 40, FTSE 100) werden ohne Dividende berechnet, sind somit also Kursindizes.

Bei der Berechnung des Performanceindex (englisch Total Return Index) einer Aktie wird angenommen, dass alle Auszahlungen von Dividenden und anderen Einnahmen aus dem Aktienbesitz, wie etwa Erlöse aus Bezugsrechten, sofort wieder in Aktien investiert und von den Gewinnen neue Anteile gekauft werden. Der Kurs einer Aktie wird dadurch nicht durch die Ausschüttung der Gewinne beeinflusst. Der DAX kann, wie einige andere Indizes auch, entweder als Performance-Index oder auch als Kursindex berechnet werden. Wenn hier allgemein die umgangssprachlich gebräuchliche Bezeichnung „DAX" verwendet wird, so ist damit jedoch in der Regel der Performance-Index gemeint (hier wird oft das Symbol „DAXK" benutzt, um auch äußerlich darauf aufmerksam zu machen, dass es sich um die Kursindex-Variante handelt), während ansonsten international, z. B. beim Aktienindex EURO STOXX 50, normalerweise vom Kursindex gesprochen wird. Es gibt bei einem Index auch einen Unterschied in der Gewichtung der Bestandteile.

Beim preisgewichteten Index wird von jeder Aktie die gleiche Anzahl zur Berechnung herangezogen. Haben Aktien hier einen höheren Kurs, so haben diese auch insgesamt mehr Einfluss auf den Aktienkurs, die Werte sind proportional. Der Nikkei 225 und der Dow Jones Industrial Average sind beispielsweise solche Indizes.

Der kapitalisierungsgewichtete Index berücksichtigt zuerst die Marktkapitalisierung, also den rechnerischen Gesamtwert aller Aktienanteile (Beispiele hierfür sind: DAX, MSCI, S&P 500). Der Index verhält sich hier proportional zur berechneten Marktkapitalisierung (Aktien, die auf dem freien Markt zur Verfügung stehen) eines Unternehmens. Der Index wird berechnet, indem die Anzahl der jeweiligen Aktien im freien Umlauf (dem sog. „Freefloat") multipliziert wird mit dem aktuellen Kurs der Aktie.

Ein gleichgewichteter Index wird in der Regel aufgrund einer Rangliste erstellt, entweder nach der Marktkapitalisierung oder auch eines anderen Merkmals. Hier ist die Gewichtung nicht proportional, sondern beispielsweise auf 10 % begrenzt. Als Beispiele hierfür können der ÖkoDAX, der DivDAX und der Photovoltaik Global 30 Index genannt werden. Diese Indizes werden regelmäßig überprüft, da sich aufgrund der Kursänderungen hier auch die Zusammensetzung in Prozenten ändert. Ein Regelwerk sorgt dafür, dass diese Indizes auch immer angepasst werden, wenn beispielsweise ein Unternehmen Insolvenz anmeldet.

Indizes setzen natürlich die Börsennotierung in einem bestimmten Bereich voraus, in Deutschland beispielsweise den Prime Standard. Das bedeutet, dass die Unternehmen bestimmte Voraussetzungen erfüllen müssen, damit sie überhaupt in den Index aufgenommen werden. Unternehmen, die in einen Index aufgelistet werden wollen, müssen diese Voraussetzungen erfüllen:

- Immer am Anfang des ersten Quartals und des dritten Quartals eines jeden Jahres muss eine ausführliche Berichterstattung in Form eines Zwischenberichtes erfolgen, der sowohl in Deutsch als auch in Englisch verfasst ist.
- Internationale Rechnungslegungsstandards (IFRS oder US-GAAP) sollten angewendet werden.
- Ein Unternehmenskalender und ein Finanzbericht müssen in Deutsch und in Englisch herausgegeben werden.
- Ad-hoc-Mitteilungen, also Mitteilungen über Ereignisse, die für Aktionäre von Bedeutung sind, sowohl in Deutsch als auch in Englisch.
- Es sollte jedes Jahr eine Analystenkonferenz stattfinden.
- Es ist Vorschrift, dass Finanzberichte und Unternehmenskalender elektronisch an die Geschäftsführung der Frankfurter Wertpapierbörse weitergeleitet werden.

Dieser Standard ist wichtig, damit alle Anleger die gleichen Möglichkeiten haben, sich über die Aktien der einzelnen Unternehmen zu informieren, bevor sie dort investieren.

Zudem müssen die Unternehmen, wenn sie bei den Indizes aufgenommen werden wollen, in der Regel auch einen bestimmten Anteil an Streubesitz aufweisen, d. h. die Aktien sollten so viel wie möglich an der Börse in Umlauf sein und nicht bei Großanlegern.

Sie sollten beachten, dass Indizes immer in Bewegung sind, neue Unternehmen werden aufgenommen, wenn ihre Marktkapitalisierung zunimmt, andere Unternehmen müssen dafür ausscheiden. Daher sollten Sie als Anleger auch die wichtigsten Indizes, die Ihre Aktien listen, im Blick haben. Kommt es zu unvorhergesehenen Ereignissen, wie zum Beispiel einer Insolvenz, werden meist Einzelfallentscheidungen getroffen.

International wird in vielen Fällen der MSCI Index zum Aktienvergleich benutzt, der die wichtigsten internationalen Aktien beinhaltet. Viele große Fonds benutzen diesen Index als „Benchmark-Index“ oder Vergleichsindex, daher sollten Sie diesen Index kennen.

3.11. KAUF VON AKTIEN

Für den Anfänger stellt sich natürlich erst einmal die Frage: Welche Aktien sind überhaupt sicher und wie komme ich am besten an gewinnbringende Aktien? Denn selbstverständlich möchte niemand Geld verlieren und in möglichst gewinnbringende Aktien investieren, die auch regelmäßig reichlich Dividenden bieten. Es gibt keine Garantie, dass Sie beim Aktiengeschäft nichts verlieren. Denn niemand weiß vorher, wie sehr die Produkte einer Firma gebraucht werden und ob den Vorständen keine Fehler unterlaufen, die den Gewinn der Aktien schmälern. Auch dort arbeiten Menschen, denen auch einmal Fehler unterlaufen können. Jedoch können Sie, wenn Sie einige Fakten beherzigen, das Risiko, mit Aktien Geld zu verlieren minimieren und die Chancen, Gewinne zu machen erhöhen.

Zuerst einmal sollten Sie bedenken, dass die Aktien selbst genauso „sicher“ sind wie die Firmen hinter ihnen. Wenn die Produkte der Firma wenig konsumiert werden, sind die Aktienkurse natürlich auch nicht so gut. Daher ist es immer sehr hilfreich, sich im Internet nicht nur genau über die Broker zu informieren, sondern besonders über die einzelnen Firmen, von denen Sie möglicherweise Aktien kaufen wollen und sich deren Kennzahlen genau anzusehen.

Wenn Sie auf Webseiten stoßen, die im Internet kostenpflichtige Aktienbriefe oder andere kostenpflichtige Börsenanteile anbieten, so sollten Sie auch dort als Anfänger ganz genau hinsehen. Denn gerade diejenigen Aktionäre, die noch nicht so erfahren sind, haben es dort schwer gute und seriöse Angebote zu erkennen.

Im Internet hat beispielsweise die Börse der ARD einen Versuch unternommen Unternehmen mal nach der Kennzahl „eVar“, was so viel wie „high value at risk“ oder auf Deutsch „geschätztes Sicherheitsrisiko“ bedeutet, zu bewerten. Gerade von Investmentbankern und anderen professionellen Aktienhändlern wird diese Kennzahl sehr geschätzt. Am besten platziert ist dort zum Zeitpunkt der Artikelverfassung hier die Public Bank Berhard aus Malaysia mit einem eVar Wert von 3,19. Aber auch diese Aktien bieten keine 100-prozentige Sicherheit. Der Wert 3,19 bedeutet hierbei, dass das Unternehmen mit einer 99-prozentigen Wahrscheinlichkeit in den nächsten 10 Tagen nach Festsetzung dieses Wertes allerhöchstens einen Verlust von maximal 3,19 Prozent machen wird. Dies wäre im Vergleich zu anderen Unternehmen sehr gering und dennoch gibt es auch hier keine absolute Sicherheit vor dem Werteverlust der Aktien. Welches Unternehmen im Moment welches Risiko hat ändert sich natürlich ständig. Sie als Aktienbesitzer sollten sich daher auch tatsächlich fortlaufend über die Unternehmen informieren, von denen Sie Aktien kaufen möchten oder bereits gekauft haben. Weitere Kennzahlen geben Ihnen dabei einen noch genaueren Überblick, darauf wird aber noch einmal später genauer eingegangen. Mathematik und Statistik können

Ihnen also tatsächlich ein gutes Hilfsmittel sein, gewinnbringende Aktien aufzuspüren.

Im Grunde genommen haben Privatpersonen, die in Aktien investieren, genau die gleichen Voraussetzungen wie Investmentbanken, die den Aktienhandel professionell betreiben. Anfänger können sich bei der Auswahl der Aktien an einfachen Zahlen wie etwa der Dividendenrendite orientieren. Denn erfolgreiche Unternehmen geben ihre Gewinne auch an die Aktionäre weiter. Sie zögern nicht, die Rendite an die Aktionäre auszuschütten. Haben Unternehmen daher im Laufe der Jahre immer eine gute Dividende an ihre Aktionäre ausgeschüttet, bedeutet dies meist, dass es sich um ein erfolgreiches Unternehmen handelt. Dividende ist eine Gewinnbeteiligung. Das Unternehmen gibt Gewinne an die Mitinhaber weiter und wollen diese so am geschäftlichen Erfolg beteiligen. Denn erfolgreiche Unternehmen wollen selbstverständlich sicherstellen, dass ihre Aktionäre das Unternehmen auch weiterhin unterstützen. Im Internet ist es recht leicht, die Dividenden von Unternehmen als kleine Orientierungshilfe zur Auswahl der richtigen Aktien herauszusuchen.

- Unter diesem Link https://www.boersennews.de/markt/aktien-/hoechste-dividendenrendite/ können Sie beispielsweise bei www.börsennews.de sehen, welche 100 Unternehmen im letzten Jahr am meisten Dividenden an ihre Aktionäre ausgezahlt haben.
- Die englischsprachige Seite www.dividenda.com eignet sich auch sehr gut, um dort die Dividenden in Erfahrung zu bringen, die Unternehmen ausschütten. Auf der Seite bekommen Sie auch einen sehr guten Überblick über den Verlauf der Aktien. Die ausgeschütteten Dividenden werden hier über einen sehr langen Zeitraum aufgeführt, um einen Überblick über den Aktienverlauf zu bekommen.
- Auf der Webseite www.OnVista.de, gibt es auch eine sehr gute Suchmaschine, die es ermöglicht, die Aktien nach den letzten Dividenden

zu sortieren. OnVista ist ein bekannter Broker, der aber auch regelmäßig Informationen zum Börsenverlauf weitergibt.

- Der „Equity Screener" des Fachmagazins Financial Times ist ebenfalls ganz gut dazu geeignet, Informationen über den Verlauf der Dividenden von Unternehmen in den letzten Jahren herauszufinden. Dort können Sie auch sehen, wie die einzelnen Unternehmen einzuordnen sind. Auch das eingeschätzte Marktrisiko können Interessenten hier erfahren.
- Auch die Suchmaschine Google hat eine Aktiendatenbank. Dort ist es auch möglich, die Aktien nach den einzelnen Merkmalen der Aktien zu sortieren.

Damit ein Aktiendepot sicherer wird, sollten auch Aktien für Depots sehr sorgfältig ausgewählt werden. Je diverser das Depot ist, desto sicherer sind selbstverständlich auch die Aktien. Wer nur Aktien von einem Markt wie etwa dem DAX kauft, hat dann selbstverständlich auch ein größeres Risiko zu tragen. Denn wenn der Kurs auf dem einen Markt fällt, mindert dies dann natürlich auch den ganzen Gewinn, wenn Anlieger die meisten Aktien von nur einem Markt gekauft haben sollten.

Leider gibt es auch hier einige Grenzen und ein Risiko kann nicht zu 100 Prozent ausgeschlossen werden. Privatanleger haben beispielsweise oft gar nicht so viel Geld, um Aktien von vielen verschiedenen Unternehmen zu kaufen. Oft stehen den Privatunternehmen nur knapp 10.000 Euro zur Verfügung und es können von den Anlegern vielleicht nur Aktien von 10-20 Unternehmen gekauft werden. Wenn dann nur eine einzige Aktie eines Unternehmens die Erwartungen des Aktionärs nicht erfüllt, so wird gleich der ganze Gewinn gemildert. Gerade dort sollten besonders sichere Aktien gekauft werden. Aktionäre mit wenig Startkapital haben aber auch einige Möglichkeiten, ihr Kapital gegen zu hohe Verluste zu schützen.

Entweder die Anleger verzichten ganz auf Einzelaktien und entschließen sich dazu in Fonds, also Aktien aus verschiedenen

Unternehmen, zu investieren. Da gibt es beispielsweise spezielle Fondssparpläne und verschiedene Indexfonds. Durch spezielle Short-Index-Zertifikate können sich Anleger auch gegen einen Kursverlust absichern. Auch festverzinsliche Wertpapiere können eine Alternative sein, wenn sich Anleger auch mit etwas weniger Gewinn begnügen müssen. Dafür ist aber auch das Risiko des Verlustes nicht so groß wie bei Aktien auf dem Börsenmarkt. Eine weitere Möglichkeit ist es, die Aktien erst mal mittel- oder langfristig zu behalten, bis sie einen besonders großen Verkaufswert erlangen und sie gegen Verluste abzusichern. Dies geht beispielsweise durch Zertifikate, Optionen und den Kauf von Derivaten, bei denen Sie die Aktien nicht direkt kaufen, sondern bestimmte Kursverläufe voraussagen. Ein günstiges Depotkonto für die Gewinne hilft zudem, die Gewinne aus den Aktien gut anzulegen und Gebühren zu sparen. Beim Kauf von Aktien gibt es also schon einiges zu beachten. Hier noch einmal das Wichtigste:

- Bevor Sie überhaupt Aktien kaufen, sollten Sie sich ausführlich über den Markt und die Unternehmen, in die Sie investieren wollen, informieren. Schauen Sie sich dabei auch an, was die Kerngeschäfte des Unternehmens sind (also die Geschäfte, auf die das Unternehmen den Schwerpunkt setzt) und was Nebengeschäfte. Prüfen Sie, ob das Unternehmen im Kerngeschäft eine positive Bilanz aufweisen kann, es sich also „lohnt".

Hilfreich sind dabei neben den Internetseiten der Unternehmen auch die verschiedenen Finanzportale und Zeitungen, die Börsenkurse veröffentlichen und oft auch kommentieren. Gute Zeitschriften sind beispielsweise:

- Das Handelsblatt (www.handelsblatt.com)
- Die Frankfurter Allgemeine Sonntagszeitung (www.faz.de)
- Die Süddeutsche Zeitung (www.sueddeutsche.de)
- Die Welt (www.welt.de)
- Die Börsenzeitung (www.boersen-zeitung.de)
- Börse online (www.boerse-online.de

Diese Zeitungen veröffentlichen nicht nur Börsenkurse, sondern geben gerade dem Anfänger auch einen sehr guten Überblick über die allgemeine ökonomische Lage, die beim gewinnbringenden Kauf von Aktien natürlich auch sehr wichtig ist. Im Normalfall gibt die Konjunktur den Verlauf der Börse wieder. Geht es der Wirtschaft gut, gewinnen auch die Aktien an Wert und der Kurs der Aktien steigt. Befindet sich die Wirtschaft auf einem absteigenden Ast, fällt auch der Wert der Aktien. Ob die Wirtschaft boomt oder auf dem absteigenden Ast ist, sehen Sie vor allem am Bruttoinlandsprodukt oder kurz BIP. Dies misst die Summe aller im Land produzierten Waren und angebotenen Dienstleistungen. Die Zeitungen veröffentlichen nicht nur die unterschiedlichen Börsenkurse, sondern Fachjournalisten veröffentlichen dort auch Artikel zur allgemeinen wirtschaftlichen Lage. Hilfreiche Finanzportale finden Sie beispielsweise hier:

- Finanzen.net
- Onvista.de
- Finanztreff.de
- Wallstreet-online.de
- Ariva.de
- Aktiencheck.de

- Führen Sie Buch darüber, welche Aktien Sie gekauft und verkauft haben. Auch über die Gebühren und Transaktionen sollten Sie Buch führen, da diese Ihren Gewinn ganz schön mindern können. So können Sie auch feststellen, ob Sie vielleicht zu viele Gebühren an Ihren Broker zahlen. DEGIRO ist beispielsweise ein Onlinebroker, der recht günstig ist.
- Natürlich müssen Sie auch immer die Aktienkurse im Auge behalten, dennoch ist eine Absicherung immer gut, wenn Sie Verluste vermeiden wollen. Hier können Sie Stop-Loss Marken festsetzen, d. h. einen Geldwert, den Sie maximal für einen Aktienanteil zu bezahlen bereit sind oder einen Geldwert, zu dem Sie Ihre Aktienanteile mindestens verkaufen wollen.

Allerdings braucht es auch hier etwas Übung, bis Sie den richtigen Wert gefunden haben, den Sie dort auch einsetzen können. Denn bei einer zu hohen Stop-Loss Marke findet sich eventuell kein Verkäufer oder auf der anderen Seite kann es sein, dass Käufer nicht bereit sind, so viel Geld zu zahlen.

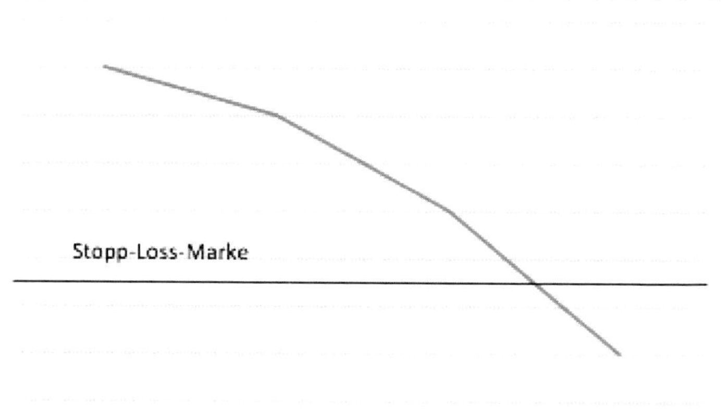

- Durch sogenanntes „Hedging" lassen sich einige Investmentfonds sehr gut absichern. Das englische Wort sagt dies ja schon, denn „to hedge" heißt auf Deutsch „sichern". Je unterschiedlicher Ihr jeweiliges Aktien-Portfolio ist, desto geringer ist dann auch die Wahrscheinlichkeit eines Verlusts. Je weniger die Unternehmen dort untereinander in Verbindung stehen, desto geringer ist die Wahrscheinlichkeit, dass alle Aktien Verluste einfahren. Wenn Aktien beispielsweise mit Staatsanleihen, Immobilieninvestments, Devisen-Differenzkontrakten oder Rohstoff-Termingeschäften kombiniert werden, steigt die Gewinnchance um ein Vielfaches, da diese in der Regel unabhängig voneinander sind und Sie einseitige Verluste dann doch mit Gewinnen aus den anderen Bereichen kombinieren können.
- Wenn Sie Ihre Aktivitäten regelmäßig dokumentieren, werden Sie mit der Zeit auch ein gutes Gespür für Aktien bekommen und nicht mehr ganz so unsicher sein.

4. Marktteilnehmer und Marktdaten

Der Aktienmarkt ist ein Markt, wie es ihn früher auch mit Waren gab, nur eben mit Anteilen an Firmen. Am Aktienmarkt nehmen einige Marktteilnehmer teil:

- Aktionäre, die Anteilseigner oder Inhaber von Aktien sind
- Anleger (private Anleger, aber auch Institute)
- Emittenten, die Wertpapiere oder ähnliche Urkunden ausgeben, um für Firmen Kapital zu beschaffen
- Kreditinstitute
- Börsenhändler
- Börsenmakler, der Geschäfte zwischen den einzelnen Börsenhändlern vermittelt. Heute werden sie auch Skontroführer genannt.

Die Teilnehmer der Märkte können aus verschiedenen Motiven heraus handeln. Das Handelsmotiv kann sehr vielseitig sein, zum Beispiel

- Geldanlage (die Anleger wollen ihr Geld natürlich möglichst gewinnbringend anlegen)
- Dienstleistung (die Kreditinstitute, die Wertpapierorders ihrer Kunden durchführen)
- Arbitrage (Bankgeschäfte, die durch Kurs-, Preis- oder Zinsunterschiede zum Gewinn führen und so zum finanziellen Gewinn beitragen)
- Spekulationen (die immer mit einem gewissen Risiko des Teil- oder Totalverlustes verbunden sind)

Die Kurse an der Börse und die gesetzlich vorgeschriebene Pflicht zur Veröffentlichung der Unternehmerdaten, die jeder einsehen kann, der dies möchte, tragen zur Transparenz des Ganzen bei. Sie sorgen dafür, dass alles genau von anderen Marktteilnehmern nachvollzogen werden kann und jeder Marktteilnehmer die gleiche Chance auf Gewinne hat. Je nachdem, wie die Aktien nachgefragt oder angeboten werden, kommt es zu einem Marktgleichgewicht. Durch diesen Mechanismus entsteht ein Kurs, zu dem die Aktien dann von allen Interessenten gekauft oder verkauft werden können.

Typische Daten, die den Markt beschreiben, sind zum einen neben dem Börsenkurs beispielsweise auch die Dividendenrenditen, also die Rendite gemessen am Aktienkurs-Anteil. Die Dividendenrendite ist dabei nicht gleich der Aktienrendite, die den Erfolg einer Aktie bewertet und anzeigt, wie sich die Aktie in einem bestimmten Zeitraum entwickelt hat. Auch der Aktienindex, von dem weiter oben schon die Rede war, ist beispielsweise typisch für die Beschreibung von Marktdaten. Er soll hierbei die Entwicklung der Aktie auf dem Teilmarkt repräsentieren. Der Index geht immer von einem bestimmten Zeitpunkt aus, von dem aus die Wertentwicklung (oder auf Englisch: die Performance) der Aktie beobachtet wird.

Mehr Informationen zu den wichtigsten Kennzahlen von Aktien und wie Sie dadurch die richtigen Entscheidungen treffen können, gibt es weiter unten im Text.

4.1. ALLGEMEINES ZUM AKTIENMARKT

Fast jedes Land der Welt besitzt heute eine Börse zum Austausch von Aktien, jedoch haben nur die wenigsten Börsen wirklich internationalen Einfluss. Die Börse als Marktplatz für Aktien hat dort die Aufgabe, Käufer von Aktien und Verkäufer zusammenzuführen und Unternehmen dabei zu helfen, Geld für neue Geschäftsideen zu beschaffen.

4.2. DIE WICHTIGSTEN AKTIENMÄRKTE

Die Aktienmärkte haben sich in den letzten Jahren sehr gewandelt und befinden sich auch jetzt noch im Wandel. Früher war, natürlich wie heute auch, die Wall Street in den USA der wichtigste Markt, gefolgt von Europa, wo es die Börse in Frankfurt gab und auch die Börse in London eine recht lange Tradition hatte. Dazu gesellte sich noch die Börse in Japan.

Heute befinden sich allein 5 der Top 10-Aktienmärkte in Asien, und alle diese Märkte liegen auf den ersten 7 Plätzen. Vor allem China ist zu einem richtungsweisenden Aktienmarkt geworden, nicht nur in Hongkong. Deutsche Anleger investieren daher immer mehr auch auf dem asiatischen Markt.

China steht heute im Wettstreit mit den USA um die Spitze auf den Aktienmärkten. Denn durch das wachsende Bruttoinlandsprodukt wurden die chinesischen Bürger auch immer reicher und fingen in den letzten Jahren an, auch in Aktien zu investieren. Dazu hat allein China doppelt so viele Einwohner wie das gesamte Europa, was den chinesischen Börsen natürlich noch einmal mehr Bedeutung verleiht.

Um die Börsen miteinander vergleichen zu können, wird meist der MSCI World Index erfasst, der die wichtigsten Aktien der Welt erfasst. Dieser Index wird meist auch als „Benchmark-Index“ bezeichnet, an dem sich die international agierenden großen Fonds messen.

Neben Präsenzbörsen gibt es auch rein computergesteuerte Börsen wie die „BATS“ mit Sitz in Kansas City. Dies ist eine sehr komplexe Handelsplattform, die erst seit 2006 existiert, aber dennoch sehr stark ist. Auch die Nasdaq ist eine computergesteuerte Börse, die jedoch schon länger existiert. Hier aber einmal die wichtigsten internationalen Börsen, aufgelistet nach Bedeutung von Platz 10 bis Platz 1:

- Deutsche Börse: trotz der langen Tradition haben die asiatischen Börsen sie in der Bedeutung überholt. Index: CDAX

- Euronext: hier haben sich die kleinen Börsen der Niederlande, Frankreichs, Belgiens und Portugals im Jahre 2000 (Einführung des Euro als damals „virtuelle Währung“) zusammengeschlossen, um gegen die großen Börsen bestehen zu können. Indizes: AEX (Amsterdam), CAC40 (Paris), BEL20 (Brüssel), PSI-20 (Lissabon)
- Die London Stock Exchange als größte Börse im Europa Index: FT-SE All Share
- Die Korean Stock Exchange besteht schon seit dem Jahre 1953, wird aber erst in den letzten Jahren immer bedeutender. Index: KOSPI
- Die Hongkong Stock Exchange besteht schon seit dem 18. Jahrhundert, wo Briten die Börse in diese Großstadt brachten. Index: Hang Seng
- Tokyo Stock Exchange: 1990 kam es hier zum Börsencrash, von dem sich diese Börse immer noch nicht vollständig erholt hat. Index: Topix
- Shenzhen Stock Exchange Index: „SZSE“ oder Shenzhen Composite Index
- Shanghai Stock Exchange: Der größte Börsenplatz Asiens. Index „SSE“ oder Shanghai Composite Index
- Nasdaq als die größte Computerbörse. Index: Nastaq Composite Index
- New York Stock Exchange, die 1792 gegründet wurde und auch heute noch die Nummer eins der Börsen ist. Index: NYSE Composite Index

Es gibt natürlich noch viele andere kleine Börsen, jedoch sind dies die wichtigsten Börsen, die Anlegern meist als Vergleichspunkt dienen. Die aktuellen Kurse dieser Börsen finden Sie auch alle recht einfach im Internet, sodass Sie da gut vergleichen können, wohin der Trend geht.

4.3. WICHTIGE KAUFS- UND VERKAUFSSIGNALE

Beim Handel mit Aktien ist es natürlich essenziell zu wissen, wann Aktien gekauft und möglichst gewinnbringend wieder verkauft werden. Viele Ratgeber wurden über die Jahre verfasst und es wurden Systeme entwickelt, die den optimalen Zeitpunkt für eine Investition in Aktien bestimmen sollen. Ein Zitat von André Kostolany kann hier als Grundregel gelten:

"Ist die Börse "talk of the town", drehen sich Gespräche im Büro, auf Partys oder vielleicht sogar an Haltestellen oder in der Bahn nur um Aktien, dann kommt es schnell zum Börsenkrach."

Daraus lässt sich schließen, dass die Aktien dieses Unternehmens wahrscheinlich besonders gefragt sind und sich alle Anleger daher über diese Aktien austauschen wollen. Es lässt sich ein wahrer „Run" auf die Aktien beobachten.

Jedoch können auch mathematische Methoden angewandt werden, um den optimalen Zeitpunkt für den Verkauf und Ankauf von bestimmten Aktien abzupassen, zumindest in der Theorie. Ein guter Indikator kann hier die deutsche Umlaufrendite für Aktien aus Deutschland bzw. die Rendite US-Anleihen über 10 Jahre hinweg bei amerikanischen Aktien sein. Je mehr Zinsen ausgezahlt werden (zu sehen an der Umlaufrendite), desto höher wird auch auf dem Aktienmarkt das allgemeine Risiko eingeschätzt, da Anleger hier auch viel verlieren können. Es gibt unterschiedliche Meinungen darüber, wann genau der optimale Verkaufszeitpunkt gekommen ist. In dem Buch „Mit Aktien ein Vermögen aufbauen" gibt Bernd Rittberg ein Beispiel für die Berechnung. Er rät in seinem Buch folgendes:

- Schreiben Sie sich am Ende einer jeden Woche die Werte der Umlaufrendite auf (zu finden z. B. unter www.handelsblatt.com) auf.
- Errechnen Sie den Durchschnittskurs über 4 Wochen.
- Stellen Sie fest, wann der Kurs am Höchsten und am Tiefsten war
- ***Ein Einstiegssignal wäre: dann, wenn der durchschnittliche Kurswert einen Wert erreicht, der mindestens 13 % unter dem letzten Hochwert des Kurses liegt.***
- Ein Ausstiegssignal wäre: dann, wenn der durchschnittliche Kurswert nach dem letzten bekannten Tief um 20 % und mehr gestiegen ist.

Der Autor verdeutlicht in seinem Buch auch, dass es in der Geschichte viele wahre Beispiele dafür gibt und er vergleicht ganz unterschiedliche Möglichkeiten, den richtigen Zeitpunkt für den Verkauf und den Ankauf von Aktien zu berechnen. Unter anderem nennt er auch die Möglichkeit, aus einer Kombination von Umlaufrendite und anderen Kennzahlen den richtigen Zeitpunkt zu finden. Nachlesen können Sie dies auch auf seiner Homepage www.boersensignale.de. Sie sehen aber: Ohne Eigeninitiative und ständige Initiative findet niemand den richtigen Ein- und Ausstiegspunkt.

Auch der Ölpreis kann ein wichtiger Indikator zum Ein- oder Ausstieg sein. Je weiter der Ölpreis steigt, desto größer allgemein die Gefahr, dass der Kurs an den Börsen fällt.

Beim Dollarkurs ist dies genauso. Ist der Dollar stark, begünstigt dies positive Entwicklungen. Ist der Dollar schwach, so stellt dies eher ein Risiko dar und zeigt an, dass es der Wirtschaft nicht so gut geht. Es muss hier unter Umständen mit erheblichen Kursschwankungen gerechnet werden.

Die weiter unten im Text noch einmal genauer erläuterte technische Analyse versucht, anhand der Informationen aus den Charts (zurückliegender Kursverlauf) den optimalen Zeitpunkt festzulegen, wann eine Aktie gekauft oder verkauft werden sollte.

5. Rechtliche Grundlagen - welche Voraussetzungen müssen Aktiengesellschaften erfüllen und welche Rechten und Pflichten haben Aktiengesellschaft und Aktionär?

Wer mit Aktien handelt, sollte sich auch mit den rechtlichen Grundlagen des Aktienhandels auskennen. Nach § 1 Abs. 2 AktG ist das Grundkapital einer AG in Aktien zerlegt. Eine Aktie ist rein rechtlich betrachtet ein Wertpapier, mit dem der Aktionär durch den Erwerb einer Aktie auch gleichzeitig bestimmte Pflichten und Rechte eingeht. Einige dieser Pflichten und Rechte können vom Eigentümer der Aktien durch Erteilen einer Vollmacht auf eine weitere Person übertragen werden. Dies kann beispielsweise geschehen, wenn es dem Aktieninhaber zum Beispiel nicht möglich ist, persönlich an einer Hauptversammlung teilzunehmen und er an dem Tag verhindert ist. Grundsätzlich bekommt jeder Aktionär eine Stimme pro Aktie und hat die mit dem Erwerb von Aktien verbundenen Pflichten und Rechte, sofern es sich um eine Stammaktie (also keine Aktie mit höherer Gewinnausschüttung, aber teilweise Verzicht auf diese Rechte) handelt. Der Aktionär hat diese Rechte:

- Mitgliedschaftsrechte

o Möglichkeit, an der Hauptversammlung teilzunehmen (§ 118 Abs. 1 AktG), wo auch der Aufsichtsrat gewählt wird und somit die Weichen für die Firmenpolitik gestellt werden.

o Recht auf Auskunft (§ 131 AktG)

o Stimmrecht (§ 134 Abs. 1 AktG)

- ○ Möglichkeit, die Beschlüsse der Hauptversammlung anzufechten (§ 243 AktG)
- Vermögensrechte
- ○ Anrecht auf Zahlung der Dividende (§ 58 Abs. 4, § 60 AktG)
- ○ Recht, am Liquidationserlös beteiligt zu werden (§ 271 AktG)
- ○ Recht, bei einer Bezugsrechtsemission an der Ausschüttung beteiligt zu werden (§ 186 Abs. 1, § 211 AktG) und
- ○ diverse Umtausch-, Ausgleichs- und Abfindungsansprüche im Konzern- und Umwandlungsrecht (u. a. § 304, § 305, § 320 AktG, § 15, § 29 Umwandlungsgesetz).
- verschiedene Klagerechte

Der Aktionär hat folgende Pflichten:

- Pflicht zur Einzahlung: es ist die Pflicht des Aktionärs, den beim Kauf ausgehandelten Preis durch Zahlung des ausgehandelten Geldbetrages (oder seltener durch Sacheinlage) zu begleichen. Der Aktionär muss also dafür sorgen, dass das Geld dem Unternehmen rechtzeitig zur Verfügung steht.
- Unter Umständen ist es möglich, dass sich aus der Satzung der Aktiengesellschaft oder dem Gesellschaftsvertrag eine sogenannte Nachschusspflicht ergibt, wenn das Grundkapital noch nicht in voller Höhe einbezahlt wurde und der Aktionär dazu verpflichtet wird, auf Anforderung der Gesellschaft den Restbetrag zu zahlen (sogenanntes ausstehendes Kapital). Aktien, bei denen der Betrag nicht vollständig bezahlt wurde, dürfen Unternehmen nur in Form von Namensaktien ausgeben (§ 10 Abs. 2 AktG), damit die Daten des Aktionärs für Forderungen greifbar sind. Nach Aufforderung müssen die Aktionäre dann den festgesetzten Betrag einzahlen (§ 63 Abs. 1 AktG). Wenn die Aktionäre diesen Betrag nicht zahlen, müssen nach § 65 Abs. 2 AktG Bürgen, die im Aktienregister eingetragenen sind, die Beträge zahlen, die seit Übertragung innerhalb von zwei Jahren eingefordert wurden. Wiederkehrende Leistungen des Aktionärs, die nicht immer in Form von

Geld erfolgen müssen, können ebenfalls über die Einzahlung des Grundkapitals hinaus zu den Pflichten eines Anlegers gehören (§ 55 Abs. 1 AktG).

- Treuepflichten sind nicht durch das Gesetz geregelt, sondern durch die Rechtsprechung entstanden.

o Vertikale Treuepflichten: Dies sind die Treuepflichten zwischen dem Aktionär und der Gesellschaft. Diese Pflicht besagt, dass die bestehende Treuepflicht es dem einzelnen Anleger nicht gestattet, eine für das Unternehmen geeignete und von der Mehrheit beschlossene Erneuerung aus eigennützigen Gründen (mehr Gewinnausschüttung durch weniger Investition) zu verhindern.

o Horizontale Treuepflichten der Anleger untereinander: Hier sollen die Aktionäre bei Ausübung ihrer Mitgliedsrechte die gemeinsamen Interessen der anderen Anleger angemessen berücksichtigen, also nicht eigenmächtig handeln.

Sie sehen: Als Aktionär haben Sie viel mehr Einfluss, als Sie vielleicht am Anfang angenommen haben. Je mehr Aktien Sie von einem Unternehmen besitzen, desto mehr Gewicht fällt natürlich auf diese Rechte.

6. Aktienemission

Als Aktienemission wird der Prozess der Aktienausgabe eines Unternehmens bezeichnet. Dies geschieht meistens in den Fällen, wenn Unternehmen Kapital benötigen, denn oftmals ist eine Kapitalbeschaffung durch Aktienverkauf für Unternehmen viel günstiger als ein Kredit. Emittiert ein Unternehmen Aktien zum ersten Mal, wird dies auch als Neuemission bezeichnet. Bei der Aktienemission gibt es im Regelfall drei unterschiedliche Verfahren: Das Festpreisverfahren, das Auktionsverfahren und das Bookbuilding-Verfahren.

Werden Aktien auf Grundlage des Festpreisverfahrens ausgegeben, legt der Emittent den Preis selbst fest. Um den Wert des Unternehmens zu bestimmen, werden hier verschiedene Möglichkeiten genutzt. So wird beispielsweise der Unternehmenswert mit Unternehmen aus der gleichen Branche verglichen, oder es wird geschätzt, wie sich die Aktien des emittierenden Unternehmens in Zukunft entwickeln werden. Dabei kann es allerdings zu Fehleinschätzungen kommen, was sich schlecht auf den Marktwert der Aktie auswirkt.

Werden Aktien auf Grundlage des Auktionsverfahrens ausgegeben, gibt der Emittent nur die Mindestmenge, einen Mindestpreis und die Zeichnungsfrist vor. Zeichnungsfrist bedeutet, dass innerhalb dieses Zeitraumes Gebote für die Aktie eingehen können, die emittiert werden soll. Zum Schluss werden alle Gebote dann der Höhe nach geordnet. Dann bekommen die höchsten Angebote so lange den Zuschlag, bis alle neuen Aktien verkauft sind.

Wird eine Aktienemission nach dem sogenannten „Bookbuilding-Verfahren" durchgeführt, gibt der Emittent, vergleichbar dem Auktionsverfahren, auch hier eine Gewinnspanne vor, innerhalb der potenzielle Anleger ihre Angebote zum Kauf abgeben können. Sortiert werden diese in einem Orderbuch. Bei diesem Verfahren erhalten aber nicht automatisch die Gebote mit den höchsten Werten den Zuschlag. Es wird hier auch berücksichtigt, welcher Interessent, in welcher Höhe Aktien des Unternehmens kaufen möchte. Sind die Gebote geprüft, wird der Emissionspreis festgelegt. Bei der Herausgabe weiterer Aktien, beispielsweise zur Finanzierung einer Unternehmensvergrößerung, funktioniert dies im Prinzip genauso.

7. Aktienanzahl

Die Aktienanzahl sagt etwas darüber aus, wie viele Anteile eine Firma an Aktien verkauft hat. Dazu gehören aber nicht nur die Aktien, die auf dem freien Markt von Interessenten gekauft werden können, sondern auch die Aktien, die Aktionäre für längere Zeit für sich selbst behalten und die Aktien, die noch im Besitz des Unternehmens geblieben sind. Es kommt hier nicht selten vor, dass beispielsweise Vorstände selbst Unternehmensaktien kaufen. Frei auf dem Markt gehandelte Aktien werden dabei als „Streubesitz" oder „Free Float" bezeichnet.

Ist die gesamte Aktienanzahl bekannt, lässt sich die Marktkapitalisierung und somit der Marktwert des Unternehmens errechnen. Dazu wird die Anzahl der Aktien mit dem momentanen Kurswert multipliziert. Außerdem trägt die Anzahl der Aktien dazu bei, den Gewinn pro Aktie zu berechnen und dadurch zu sehen, wie gut eine Aktie gerade im Kurs steht. Dazu teilen Sie den Gewinn während einer Geschäftsperiode der Aktiengesellschaft durch die Anzahl der Aktien. Diese Zahl bezeichnet man auch „Earnings per Share" oder kurz EPS. Bei jeder Aktie wird also der Gewinn benötigt, um die Gewinnrendite und das Kursgewinnverhältnis (KGV) zu bestimmen.

Kauf und Verkauf von Aktien müssen von den Aktionären laut Wertpapierhandelsgesetz immer gemeldet werden, um sicherzugehen, dass jeder weiß, wie viele Aktien des Unternehmens gerade frei in Umlauf sind. Der Vorstand eines Unternehmens sollte sich schon genau überlegen, wann und vor allem wie viele Aktien ausgegeben werden. Es sollten nicht zu wenige sein, da das Kapital der Anleger gebraucht wird, aber auch nicht zu viele, da es bei zu großem Angebot zur Übersättigung des Marktes kommen kann und sich Aktien dann eventuell nur mit Verlust verkaufen lassen, was weder die Anleger noch die Unternehmen glücklich macht.

8. Bedeutung der Aktien für die Volkswirtschaft

Die Aktiengesellschaft war nicht ohne Grund im Industrie-, Bank- und Versicherungswesen schon zur Gründerzeit die bedeutendste Rechtsform. Aktien erfüllen auch heute eine wichtige Funktion in der Volkswirtschaft. Ein gut funktionierender Aktienhandel sorgt dafür, dass Anleger mehr in Unternehmen investieren und die Unternehmen mehr Kapital zur Verfügung haben, um neu zu investieren, neue Maschinen anzuschaffen usw. Durch Aktien kann jeder, der möchte, gut und einfach in Unternehmen investieren. So werden Arbeitsplätze gesichert und die Menschen können mehr in die einzelnen Firmen investieren. Jede gut funktionierende Volkswirtschaft braucht einen gesunden Kapitalmarkt. So gibt unter anderem die sogenannte Marktkapitalisierung der Börse eines Landes wieder, wie stark die Wirtschaft in diesem Land ist.

8.1 AKTIENHANDEL IN DER SCHWEIZ

In der Schweiz unterteilt man das Kapital einer Aktiengesellschaft nach Obligationsrecht in Teilsummen, wo nur das Gesamtvermögen für deren Verbindlichkeit haftet. So versuchen Unternehmen sich vor Ausfällen und Verlusten zu schützen. Wenn ein Bereich des Unternehmens nicht so gut läuft, wird dies immer noch von den anderen Teilbereichen aufgefangen.

8.2. AKTIEN IN ANDEREN LÄNDERN

Größere Aktiengesellschaften, die in größerem Maße Handel an der Börse betreiben, haben oft die public limited company oder kurz plc als Unternehmensform. Dies gilt besonders für den angelsächsischen Bereich. Die plc und die Corporation in den Vereinigten Staaten von Amerika haben einiges gemeinsam: Die einzelnen Aktien werden hier als „shares“ bezeichnet und können in der Öffentlichkeit an der Börse von jedem Interessenten gehandelt und erworben werden.

9. Abgrenzung zu anderen Anlagemöglichkeiten und deren Vor- und Nachteile

Neben Aktien gibt es natürlich auch noch andere Anlagemöglichkeiten, in die investiert werden kann. Jeder Interessent sollte sich genau überlegen, welche Anlagemöglichkeit zu seinen persönlichen Bedürfnissen passt und welches Risiko er maximal eingehen möchte.

9. 1. GOLD

Oft fragen sich Anleger, ob sie nicht lieber in Gold anstelle von Aktien investieren sollen. Hier kann gesagt werden, dass Aktien insgesamt einen steigenden Trend aufweisen, insbesondere die Aktien von aufsteigenden Firmen. Über die Jahre gesehen stieg der Aktienkurs mehr, als der Goldkurs zugelegt hat.

Allerdings war Gold immer ein wirklich gutes und solides Anlagemittel, besonders in wirtschaftlich schlechten Zeiten. Gold ist eben „nur" eine Geldart, die eigentlich gar nicht mit Aktien in Konkurrenz steht.

Man kann zusammenfassend sagen: In Phasen, in denen das Aktien-Gold-Verhältnis gestiegen ist, war das Investieren in Aktien vorteilhafter als die Investition in Gold. In den anderen Phasen galt genau das Umgekehrte: In den Zeiten, in denen Gold wertvoller als Aktien waren, war das Investieren in Gold vorteilhafter als das Halten von Aktien. Beispielsweise war es von August 1999 bis Oktober 2012 ratsam, auf Gold und nicht auf Aktien zu setzen. Seither gilt allerdings das Umgekehrte.

9.2. RENTEN

Rentenfonds investieren in der Regel in festverzinsliche Wertpapiere wie Pfandbriefe, Bundesobligationen und Anleihen mit unterschiedlichen Zinssätzen und Laufzeiten. Rentenfonds sind wesentlich risikoärmer als vergleichbare Aktienfonds, erwirtschaften dafür aber oft auch viel geringere Renditen. Sie sind vor allem für die Anleger interessant, die mittelfristige Geldanlagen mit überschaubaren Risiken suchen.

9.3. RISIKOADJUSTIERTE INVESTMENTS

Auch hier lohnt sich durchaus eine Investition. Besonders wenn Sie eine Anlagemöglichkeit suchen, die eine solide Rendite abwirft, die aber nicht mit einem so hohen Risiko behaftet ist. Das Risiko dieser Investments ist nicht mit dem von Aktien zu vergleichen, sie erwirtschaften dafür aber auch nicht so viel Gewinn.

10. Grundlagen zum Thema Aktien – die wichtigsten Begriffe rund um das Thema Aktien

Das Thema Aktien ist selbstverständlich ein sehr komplexes Thema. Aktien werden, wie schon gesagt, durch das Setzen von sogenannten Ordern, also Kauf- oder Verkaufswünschen gekauft oder verkauft. Es gibt aber auch hier verschiedene Ordertypen, die unterschiedlich angewandt werden. Wichtig sind hier verschiedene Typen, um das eventuelle Risiko eines Wertverlustes zu mindern.

- Market-Order: Als Market-Orders werden die Orders bezeichnet, die im Allgemeinen beim Kauf der Aktien als „Billigst“ und im Falle des Aktien-Verkaufs als „Bestens“ bezeichnet werden. Die Aktien werden dann zu dem in dem Moment billigsten verfügbaren Preis auf dem gewählten Handelsplatz verkauft, der Verkauf erfolgt dann zum bestmöglichen Preis, der für die Aktie erzielt werden kann. Der Anleger der Aktien gibt somit kein Limit an (keinen maximalen Einkaufspreis, den er bereit ist, zu zahlen und auch keinen Verkaufspreis). Er akzeptiert die sofortige Ausführung des Kaufs oder des Verkaufs seiner Aktien unabhängig vom Preis. Sie sollten daher also immer dann auf Market Orders zurückgreifen, wenn Sie bereits Anleger sind und so dafür sorgen wollen, dass die Order von Ihnen auf jeden Fall ausgeführt wird oder wenn Sie etwa bei Kursschwankungen schnell reagieren wollen. Denn bei Kursschwankungen der Aktien müssen Sie eventuell schnell handeln und verzichten dabei lieber auf etwas Gewinn.
- Limit-Order: Bei Aktien mit starken Schwankungen ist es nicht immer ratsam, die Aktien sofort zu kaufen. Hier ist es günstig, einen festen Preis festzulegen, zu dem Sie die Aktie maximal kaufen wollen bzw. einen Preis festzulegen, den die Aktie beim Verkauf nicht unterschreiten soll. Wird

dieser Preis zum Zeitpunkt des Angebotes bzw. der Nachfrage nicht erreicht, wird die Aktie nicht gekauft bzw. verkauft. Das Preisangebot bleibt jedoch im System, sodass die Aktie dann gekauft wird, wenn der Preis schließlich doch erreicht wird. Interessenten können hier einstellen, wie lange das eingestellte Preisangebot gelten soll. Limit-Werte werden dabei immer unter dem aktuellen Kaufpreis eingegeben bzw. bei Verkauf oberhalb des aktuellen Marktpreises.

- Stop-Orders: Diese werden auch Stop-Market-Orders genannt und sind besonders wichtig, wenn Sie Verlustgeschäfte vermeiden wollen. Hier wird ein Kauf oder ein Verkauf immer dann getätigt, sobald der eingegebene Wert erreicht ist. Eine Verkaufsorder wird auch Stop-Loss-Order genannt. Diese Order ist sozusagen die Absicherung, wenn Sie noch keine großen Erfahrungen an der Börse haben oder es zeitlich nicht schaffen, täglich die Kursentwicklungen verschiedener Aktien zu verfolgen. Dabei können Sie die Grenze immer an die aktuelle Entwicklung am Aktienmarkt anpassen. Dies können Sie so lange tun, bis die Aktien schließlich verkauft werden.

Beim Kauf wird diese Stop-Order auch Stop-Buy-Order genannt. In der neueren Literatur wird darüber hinaus dafür der Begriff Start-Buy-Order benutzt. Dies beschreibt den Mechanismus noch treffender, denn das Gebot für die Aktie startet bei diesem Betrag.

Sowohl im Kauf als auch im Verkauf gilt es aber zu beachten, dass die Aktien sofort gekauft oder verkauft werden, sobald die eingegebene Grenze erreicht ist. Schließlich ist dort kein Limit festgelegt.

- Trailing-Stop-Order: Eine Trailing-Stop-Order ist im Prinzip auch eine Stop-Order, die sich dem Preis nach oben hin anpasst. Möchten Sie Aktien verkaufen, so bewegt sich der Wert mit dem Kurswert nach oben. Steigt der Wert, so steigt auch der Absicherungswert im gleichen Abstand zum aktuellen Kurs mit nach oben. Sollte der Kurs aber fallen, so bleibt der Wert an der gleichen Stelle. Wenn der Kurs hier das Stop-Niveau erreicht, kommt es schließlich zum Geschäftsabschluss.

Möchten Sie Aktien kaufen, so zieht der Wert umgekehrt nach unten mit, so lange bis der Stopp-Wert erreicht ist. Dann wird eine Order ausgelöst. Auch hier gilt es zu bedenken, dass der Kauf oder der Verkauf sofort ausgeführt werden, wenn die Grenze erreicht ist.

- Stop-Limit-Order: Dies ist eine Kombination sowohl aus Stop-Order als auch aus Limit-Order. Zuerst wird hier eine normale Stop-Order platziert, also ein Wert gesetzt, den der Käufer maximal für die Aktie bezahlen möchte oder den im umgekehrten Fall der Verkäufer mindestens haben möchte. Diese Order wird jedoch als limitierte Order ins Kursbuch eingetragen. Kann das Limit nicht eingehalten werden, dann wird die Aktie nicht gekauft oder verkauft. Dann wird die Order verworfen. Der Vorteil dieser Order ist, dass es bei stark schwankenden Kursen nicht zu großen Verlusten kommen kann. Denn wenn Aktienkurse stark schwanken, kann es in manchen Fällen passieren, dass diese in dem kurzen Zeitraum stark steigen oder fallen, bis eine Stop-Order auch wirklich greift. Eine Stop-Limit-Order schützt die Anleger vor diesem Risiko. Allerdings geht der Verkäufer hier das Risiko ein, dass die Aktien nicht verkauft werden oder im umgekehrten Fall die Anleger den Einstieg verpassen und andere dann die Aktien kaufen.
- One-Cancels-Other-Order: Diese Order wird auch "Alternativ-Order" genannt. Diese Order setzt sich aus zwei Teil-Orders zusammen, die jedoch als Einheit gehandhabt werden. Hier wird von dem Broker der andere Auftrag sofort storniert, wenn ein Auftrag ausgeführt werden konnte. Durch eine solche Order bekommt der Anleger noch viel mehr Sicherheit, und diese Orders sind auch fast überall erlaubt.

Diese Order zählt zu den strategisch kombinierten Aufträgen (strategy orders).

Wird ein Kursanstieg erwartet, so liegt der Stop-Kurs beim Kauf über dem aktuellen Wert, denn die Verkäufer wollen ja von dem steigenden Kurs profitieren.

Ist es wahrscheinlich, dass es zu einem Fall des Kurses kommt, ist es gerade umgekehrt. Der Stop-Kurs liegt hier unter dem aktuellen Marktwert.

Ein kurzes Beispiel:

- Die CDE-Aktie hat einen Kurswert von 25 US-$. Der Anleger geht davon aus, dass die CDE-Aktie zwar erst einmal noch etwas an Wert verlieren wird, jedoch längerfristig gesehen dann doch in ihrem Wert steigen und Gewinn bringt. Der Investor könnte nun eine Limitorder mit einem Limitkurs von knapp unter 25 US-$ in Auftrag geben. Dies bringt jedoch die Gefahr mit sich, dass der Kurswert der CDE-Aktie steigt, ohne dabei vorher noch einmal den gesetzten Limitkurs zu erreichen. Damit dem Anleger dadurch keine Nachteile entstehen, kommt nun die OCO-Order ins Spiel. Der Anleger könnte jetzt die folgende OCO-Order schreiben: "Either Buy 500 CDE-Shares at 24,50 or Buy 500 CDE-Shares at 26,50, Stop", um damit nun auch einen Gewinn zu bekommen, wenn Kurse unmittelbar steigen.
- Hier noch einmal eine ausführlichere Erklärung dieses Satzes: Fällt nach Abgabe der Order der Kurs der CDE-Aktie auf einen Betrag von 24,50 US-$ oder vielleicht sogar auf einen noch tieferen Betrag, so wird in diesem Fall die Limit-Order ausgeführt. Zur gleichen Zeit wird jedoch auch die Stopp-Order, die dazu gehört, gestrichen. Steigt hingegen der Kurs der CDE-Aktie, ohne davor noch einmal den Kurswert von 24 US-$ zu erreichen, über den Wert von 26,50 US-$, so wird in diesem Fall die Stopp-Order ausgeführt und die Limit-Order wird gleichzeitig gecancelt.

Order werden also eingeteilt in zeitliche Abstände, mit oder ohne Limit und mit Stop- oder ohne Stop-Wert. Sie sollten immer so schnell und einfach wie möglich ausgeführt werden. Angeben müssen Sie bei Ordern immer:

- ob Sie kaufen oder verkaufen möchten.
- das Ordervolumen bzw. die genaue Anzahl an Aktien, die von einem Wertpapier gekauft werden sollen.
- die exakte Bezeichnung der Aktie bzw. die Wertpapierkennnummer (ISIN) der Aktie. Wird das Wertpapier, an dem Sie interessiert sind, zur gleichen Zeit an verschiedenen Börsen gehandelt, so müssen Sie zusätzlich den Ausführungsplatz (Börsenplatz) angeben, an dem das Wertpapier gekauft werden soll.
- einige besondere Anweisungen im Hinblick auf Ausführungs- und Handelsbeschränkungen (sogenannte Ausführungsklauseln). Das bedeutet besondere Orderattribute, die das Handelsvolumen bzw. den Order-Typ weiter definieren, wie z. B. "market order" bzw. preisliche Limits, "FOK" (Fill or Kill-Order, der Auftrag wird nur ausgeführt, wenn er sofort und vollständig ausgeführt werden kann), "opening only" etc.
- eine zeitliche Begrenzung, also die Gültigkeitsdauer der Order.

Nur wenn die Banken vom Anleger diese Informationen vollständig haben, können Sie die Anweisungen der Anleger korrekt ausführen und die Aktien im Sinne der Aktionäre kaufen oder verkaufen.

11. Die wichtigsten Kennzahlen der Aktien – worauf Sie beim Aktienkauf achten sollten

Der Kurs einer Aktie gibt noch keine Auskunft darüber, ob die Aktie selbst billig ist, also ein Schnäppchen, oder ob sie insgesamt überteuert ist. Der Kurs sagt also noch nichts darüber aus, ob und wie viel der Anleger der jeweiligen Aktie Gewinn machen wird oder nicht.

Eine Aktie kann aus diesem Grund als zu teuer eingestuft werden und eine andere Aktie mit dem gleichen Kurswert recht billig sein, obwohl für diese Aktie einige hundert Euro bezahlt werden.

Die Kennzahlen von Aktien sind dabei ein guter Wert, um beurteilen zu können, ob Aktien gewinnbringend sind oder nicht. Sie zeigen auch an, ob der Preis für eine Aktie fair ist oder nicht. Beim Markt ist es so, dass sich die Preise in der Regel bei einem bestimmten fairen Preis einspielen. Ihr Ziel als Anleger ist es daher, den Preis unter dem fairen Preis zu kaufen und zu hoffen, dass sich der Wert irgendwann wieder dem fairen Wert nähert. Überbewertete Aktien sollten Sie als Anleger möglichst nicht kaufen, da diese irgendwann wieder auf den fairen Preis zurückfallen werden. Kennzahlen helfen Ihnen hier besser den Kursverlauf vorherzusagen und die richtigen Aktien auszuwählen. Hier einmal die wichtigsten Kennzahlen zur Aktienbewertung:

Das Kurs-Gewinn-Verhältnis, kurz KGV, ist gerade für den Anfänger die einfachste Möglichkeit herauszufinden, ob eine Aktie zu dem Zeitpunkt gerade günstig ist oder eben nicht. Diese Kennzahl wird berechnet, indem das Verhältnis vom Kurs der Aktie und vom Gewinn der Firma gebildet wird. Um das Kurs-Gewinn-Verhältnis zu berechnen, wird als erstes der Gewinn der Firma durch die Aktienanzahl geteilt. Dazu kann der Gewinn aus dem Vorjahr oder den im laufenden Jahr erwarteten Gewinn (basierend auf den Unternehmenszahlen des ersten halben Jahres) herangezogen werden. Dann teilen Sie den Kurs an der Börse durch den Gewinn, den eine einzelne Aktie des Unternehmens erwirtschaftet. So erhalten Sie das Kurs-Gewinn-Verhältnis. So zeigt das Kurs-Gewinn-Verhältnis an, wie viel Euro Sie für einen Euro Gewinn bezahlen müssen. Mathematisch ausgedrückt heißt die Gleichung also:

KGV = Kurs / (Gewinn/Aktie). Sie können das Kurs-Gewinn-Verhältnis in der Regel bei vielen Online-Portalen wie Onvista.de oder Finanztreff.de einsehen.

Um das Kurs-Gewinn-Verhältnis zum Aktienvergleich nutzen zu können, ist der Vergleich der Zahlen zwischen den einzelnen Unternehmen wichtig. Eine einzelne Zahl sagt noch nicht viel darüber aus, ob eine Aktie im Moment günstig ist oder nicht. Allgemein gilt die Regel, dass die Aktie günstiger ist, je kleiner der KGV-Wert ist. Ein einstelliges Kurs-Gewinn-Verhältnis (KGV < 10) gilt in der Regel als günstig.

Ein KGV kann aber nur berechnet werden, wenn das Unternehmen tatsächlich Gewinn einfährt. Sogenannte Wachstumsaktien, also Aktien von Unternehmen, bei denen der Markt noch nicht gesättigt ist und wächst, haben in der Regel einen höheren KGV-Wert als sogenannte Substanzaktien, was Aktien von Unternehmen sind, wo der Markt schon gesättigt ist und wo es schon viele vergleichbare Waren auf dem Markt gibt. Dennoch gilt auch hier: Selbst bei einem hohen Kurs-Gewinn-Verhältnis sollten Sie vorsichtig sein. So wurden gerade zum Jahrtausendwechsel Aktien, besonders die von Internet-Firmen mit einem KGV von über 50 oder höher bewertet. Dennoch kam es zum Crash. Gerade bei Firmen, wo die technische Entwicklung sehr schnell vorangeht, können Aktien trotz hohem KGV auch schnell wieder fallen. Aber es ist dennoch ein Wert, an dem Sie sich gut beim Aktienkauf orientieren können.

Das Kurs-Gewinn-Verhältnis ist schließlich so etwas wie die „Mutter aller Kennzahlen“, wenn Sie Aktien bewerten wollen. Denn hier wird der Preis, der für eine Aktie gezahlt wird, ins Verhältnis gesetzt zu dem Gewinn, den die Aktie im Moment einfährt.

Ein Beispiel: Beträgt ein Gewinn pro Aktie 10 Euro und müssen für die Aktie 150 Euro gezahlt werden, beträgt das KGV 15. Der Aktionär zahlt hier also das 15-Fache der aktuellen Gewinne.

Ist das KGV niedrig, spricht dies für eine günstige Bewertung, aber auch für eine unsichere Zukunftsprognose, denn dem Unternehmen wird nicht so viel Wachstum vorausgesagt und weniger Aktionäre wollen diese Aktie haben, was sie billiger macht.

Ist das KGV hoch, spricht dies für eine sichere Prognose, denn es wird erwartet, dass das Wachstum des Unternehmens steigt und das Unternehmen eventuell sogar expandiert. Dies war zum Beispiel bei Amazon und Tesla am Anfang der Fall. Ein Kurs-Gewinn-Verhältnis von 12-16 wird im Allgemeinen als durchschnittlich bezeichnet. Werte darunter sprechen eher für eine pessimistischere, Werte darüber für eine optimistischere Prognose.

Das Kurs-Gewinn-Verhältnis ist nicht für alle Aktien geeignet, und natürlich ist es auch immer besser, mehrere Kennzahlen zur Bewertung der Aktien heranzuziehen. Daher gibt es noch andere, gut geeignete Kennzahlen zum Beurteilen von Aktien.

Generell, und ganz besonders im Fall von Wachstumsaktien, können Sie die Aussagefähigkeit des KGV's erhöhen, indem Sie das Preis-Wachstumsverhältnis (englisch Price Earnings Growth Ratio, kurz PEG) hinzuziehen. Dieses errechnen Sie, indem Sie das Kurs-Gewinn-Verhältnis der Aktie durch das langfristige Gewinnwachstum einer Firma teilen. Die mathematische Formel dazu lautet: PEG = KGV/Wachstumsrate.

Eine PEG unter 1 gilt allgemein als günstig, ein PEG über 1 dagegen als teuer. Auch hier sollten Sie die Zahlen immer mit den Zahlen anderer Unternehmen aus dem gleichen Sektor vergleichen, um wirklich eine Information aus diesem Wert zu ziehen. Der PEG zeigt Ihnen also, ob die Wachstumsrate das Kurs-Gewinn-Verhältnis rechtfertigt oder nicht.

Leider wird der Gewinn international nach völlig verschiedenen Rechtsordnungen berechnet. Aus diesem Grund eignen sich KGV oder PEG weniger gut für internationale Vergleiche. Wenn Sie Aktien aus verschiedenen Ländern miteinander vergleichen wollen, benötigen Sie eine andere Kennzahl. Hier eignet sich zum Beispiel das Kurs-Cash-Flow-Verhältnis, kurz KCV.

Hier ist es so, dass die Aktie billiger ist, je kleiner der Wert des Kurs-Cash-Flow-Verhältnisses ist. Dieser Wert hat den Vorteil, dass er nicht nur bei Gewinnen, sondern auch bei Verlusten angewandt werden kann. Dies ist die mathematische Formel: KCV = Kurs/ (Cashflow/Aktie)

Der Cash-Flow gibt an, wie gesund ein Unternehmen ist bzw. wie es um seine Zahlungskraft bestellt ist. Hier sollten Sie aber beachten, dass es mehrere Arten von Cash-Flows gibt, zum Beispiel Brutto-Cash-Flow oder freier Cash-Flow. Beim Vergleich von Aktien sollten Sie immer darauf achten, dass der Cash-Flow-Begriff gleich benutzt wird. Außerdem kann dieser Wert recht stark schwanken, daher sollten Sie am besten die Aktien der einzelnen Unternehmen über einen längeren Zeitraum beobachten. Auch diese Kennzahl können Sie für viele Unternehmen bei Onvista.de oder Finanztreff.de nachsehen.

Das Kurs-Gewinn-Verhältnis hat allerdings neben der Tatsache, dass es nur bei Gewinnen berechnet werden kann, noch einen anderen Nachteil: Es kann leider auf recht verschiedene, einfache Weisen manipuliert werden. Dies kann auch legal geschehen. Daher ist es leider nicht immer sehr aussagekräftig. Hier ist es ratsam, eine weitere Kennzahl zur Beurteilung von Unternehmen heranzuziehen: Das Kurs-Umsatz-Verhältnis, kurz KUV. Diese Kennzahl beschreibt das Verhältnis von Aktienkurs zum Umsatz pro Aktie. Hier wird ein möglichst kleiner Wert angestrebt, und ein KUV-Wert von 1,5 gilt hier oft schon als teuer. Selbstverständlich ist es möglich, dass ein Unternehmen zwar große Umsätze macht, jedoch wenig Gewinn. Deshalb sollten Sie auch hier nicht nur diesen Wert allein betrachten, sondern ihn in Relation zu anderen Kennzahlen sehen. Je mehr Kennzahlen

Sie betrachten, umso höher ist Ihre Chance, eine gewinnbringende Aktie zu erwischen. Das KUV ist mathematisch definiert als KUV = Kurs / Umsatz einer einzelnen Aktie.

Das Kurs-Buchwert-Verhältnis oder kurz KBV ist eine weitere Kennzahl. Dies wird mathematisch definiert als KBV = Kurs / Buchwert einer einzelnen Aktie. Hier teilt man also den Aktienkurs durch den Buchwert einer einzelnen Aktie. Hier einmal ein Beispiel dazu:

Eine Aktie der Aktienboss AG hat einen Buchwert von 40 €. Hat der Aktienkurs auch einen Wert von 40 €, so hat der KBV einen Wert von 1, also entsprechen sich Buchwert und Marktwert. Diese Kennzahl ist eine Kennzahl mit sehr langem Traditionswert. Vereinfacht gesagt, setzt sich der Buchwert aus dem Eigenkapital der Unternehmen zusammen. Diese Kennzahl konzentriert sich daher sehr auf die Substanz. Sie gibt also an, welchen Wert das Vermögen insgesamt hat, wenn Sie jeden einzelnen Euro betrachten, den Sie in Aktien dieses Unternehmens investieren.

Als sehr wichtige Kennzahl darf natürlich die sogenannte Dividendenrendite nicht fehlen. Als Dividende wird, wie schon einmal weiter oben im Text erwähnt, der Teil des Gewinnes bezeichnet, den die Unternehmen an ihre Anteilseigentümer bezahlen. Die meisten großen Firmen schütten Dividenden aus, denn sie wollen ja auch für die Anleger interessant bleiben. Aber auch kleinere Firmen schütten Dividenden aus.

Oft wird aber, wenn die einzelnen Firmen verglichen werden sollen, nicht die Dividende selbst, sondern die sogenannte Dividendenrente zurate gezogen. Diese berechnet sich folgendermaßen: Dividendenrente = Dividende pro (Aktie/Aktienwert) x 100. Wie wichtig diese Kennzahl zum Vergleich der einzelnen Unternehmen ist, zeigt die Tatsache, dass die 15 größten DAX- Unternehmen für die Dividendenrendite sogar einen eigenen Index haben, den DivDAX. Dazu einmal ein Beispiel:

Hat der Aktienkurs einen Wert von 1000 € und es werden 40 € pro Aktie an Dividende ausgezahlt, beträgt die Dividendenrendite 4 %. Dies sind aber nicht die einzig wichtigen Kennzahlen.

Wichtig für die richtige Entscheidung beim Aktienkauf sind als Nächstes auch die Kennzahlen zu den Basisdaten. Der Aktienkurs gibt hier, wie im oberen Teil schon erwähnt, den Preis an, der im Moment für einen Anteil des Unternehmens gezahlt wird. Gleichzeitig liefert diese Kennzahl wie keine andere Kennzahl Einblick darüber, wie groß der Erfolg oder auch der Misserfolg des Unternehmens war.

Ein Unternehmen, dessen Aktie zum Beispiel mit 50 € gehandelt wird, ist aber nicht unbedingt immer mehr wert als ein Unternehmen, dessen Aktie mit 10 € gehandelt wird. Dies kommt daher, dass Unternehmen in der Regel eine unterschiedliche Menge an Aktien freigeben. Hat ein Unternehmen einen Wert von 5 Millionen €, gibt aber nur eine einzelne eigene Aktie heraus, so ist dieser Wert der Aktie natürlich bei 5 Millionen €. Bei 10 Aktienanteilen ist jede Aktie dann entsprechend 500.000 € wert.

Die Marktkapitalisierung zeigt an, zu welchem Preis die einzelne Aktie im Moment an den Börsen gehandelt wird. Mathematisch berechnet sie sich aus dem Produkt von Aktienkurs mal Zahl der ausgegebenen Aktien: Marktkapitalisierung = Aktienkurs x Anzahl ausgegebener Aktien.

Fällt der Aktienkurs z. B. um 5 %, so fällt auch der Börsenwert um den gleichen Wert. Der Streubesitz gibt an, wie viele der in Umlauf gegebenen Aktien eines Unternehmens dem Börsenhandel tatsächlich zur Verfügung stehen.

Nicht zur Verfügung stehen in der Regel Aktien von Großaktionären. Dazu gehören zum Beispiel die Gründer der Unternehmen, Vermögensverwalter, Großinvestoren und Investmentfonds. Je größer der Streubesitz ist, desto leichter kann mit der Aktie gehandelt werden, denn es besteht dann keine Abhängigkeit zu den Großinvestoren. Allerdings können Großunternehmen oft weiterdenken und die Aktienkurse sind daher oft stabiler.

Auch der Umsatz des Unternehmens kann Ihnen einiges über die Größe des Unternehmens sagen, auch wenn er noch nichts über die Profitabilität des Unternehmens aussagt. Aber der Umsatz sagt Ihnen schon einmal etwas darüber, wie viele Waren ein Unternehmen in einem bestimmten Zeitraum produziert oder wie viele Dienstleistungen erbracht werden.

Kennzahlen zur Profitabilität sind als Erstes natürlich der Gewinn. Aber wenn wir von Gewinn sprechen, meinen wir nicht immer das Gleiche.

Den Gewinn berechnen Sie vereinfacht, indem Sie vom Umsatz die Produktionskosten abziehen. Denn Arbeiter müssen bezahlt werden, Maschinen unterhalten und gewartet und Nebenkosten sowie Miete müssen bezahlt werden. Dies wird EBITDA (Gewinne vor Steuern, Zinsen und Abschreibungen) genannt. Vom Umsatz gehen auch die Abschreibungen ab, denn die gekauften Maschinen verlieren mit der Zeit auch an Wert. Dies ist nun der sogenannte EBIT (Gewinne vor Steuern und Zinsen). Zum Schluss gehen auch noch Zinsen vom Umsatz ab (für eventuell geliehenes Geld) sowie Steuern. Erst dann erkennen Sie den Jahresüberschuss, also welchen Betrag Sie am Jahresende letztendlich übrighaben. Letztendlich gibt EBITDA an, wie profitabel das Kerngeschäft des Unternehmens ist. Hat ein Unternehmen jedoch auch noch viele Nebengeschäfte, wirkt sich das sehr deutlich auf den Gewinn aus. Das EBIT schließt Abschreibungen mit ein, die gerade bei Firmen mit vielen Maschinen sehr hoch sein und den Gewinn deutlich mindern können. Der Jahresüberschuss zeigt letztendlich, was für die Aktionäre am Ende des Jahres übrig bleibt. Somit ist dies die eigentlich interessante Größe für den Aktionär.

Das Gewinnwachstum ist auch eine wichtige Kennzahl. Sie zeigt an, inwieweit Gewinne zu einem gewissen Zeitpunkt gestiegen sind bzw. inwieweit diese schätzungsweise steigen werden. Hier schauen Sie also in die Zukunft oder beziehen sich auf die Vergangenheit. Da niemand hundertprozentig sichere Vorhersagen treffen kann, ist diese Kennzahl jedoch recht unsicher, kann jedoch neben anderen Kennzahlen trotzdem ein guter Richtwert sein. Allerdings können Sie so sehen, in welche Richtung das Wachstum der Unternehmen geht und Sie können sehen, wie Analysten die Entwicklung des jeweiligen Unternehmens einschätzen. Darauf beruht schließlich die Bewertung der Aktien an der Börse.

Eine weitere Kennzahl, die etwas über die Profitabilität aussagt, ist die Eigenkapitalrendite. Mathematisch wird diese berechnet, indem der Gewinn des Unternehmens durch das vorhandene Eigenkapital geteilt wird. Eigenkapitalrendite = Gewinn/Eigenkapital

Diese Größe setzt also den Gewinn (meist EBIT oder Jahresüberschuss) in Relation zu dem Geld, das von den Aktionären eingesetzt wurde. Je höher dieser Wert ist, desto besser wirtschaftet das Unternehmen.

Zum Schluss möchte jeder Anlieger natürlich auch wissen, wie „sicher“ die Aktien sind und mit welcher Sicherheit Gewinne erwartet werden können. Auch hierfür gibt es aussagekräftige Kennzahlen. Eine wichtige Kennzahl dazu ist die Eigenkapitalquote, kurz EKQ. Mathematisch wird sie so berechnet: Eigenkapitalquote = Eigenkapital/Bilanzsumme.

Je mehr Eigenkapital ein Unternehmen hat, desto weniger krisenanfällig und sicherer ist es. Denn bei einem hohen Eigenkapitalanteil muss weniger Kredit zurückgezahlt werden und das Unternehmen kann mehr in Neuerungen investieren. Bei einer Eigenkapitalquote von 100 % hätte das Unternehmen keine Schulden und das gesamte Kapital stammt von Eigenkapitalgebern.

Diese Eigenkapitalquote gibt es in der Regel nicht, zumal es für Firmen oft leichter und günstiger ist, einen Kredit aufzunehmen als Anschaffungen oder Erweiterungen aus eigenen Mitteln zu finanzieren und den Gewinn an die Anleger abgeben zu müssen. Dennoch: Je kleiner die Quote ist, desto mehr ist das Unternehmen auf geliehenem Geld aufgebaut und desto unsicherer ist dessen Zukunft.

Am besten ist es auch hier, immer innerhalb einer Branche zu vergleichen, da Eigenkapitalquoten bei Kreditinstituten beispielsweise meist viel geringer sind als bei Unternehmen mit viel Kapital.

Auch der Verschuldungsgrad sagt als Kennzahl etwas über die Sicherheit des Unternehmens aus, in das Sie investieren. Berechnet wird dieser aus der Differenz von Fremdkapital zu Eigenkapital Verschuldungsgrad = Fremdkapital/ Eigenkapital.

Je mehr Schulden ein Unternehmen hat, desto riskanter ist auch hier eine Investition in Aktien dieses Unternehmens. Das ist das gleiche Prinzip wie bei der Eigenkapitalquote. Denn bei Unternehmen kann immer etwas dazwischenkommen, was bewirkt, dass die Schulden nicht mehr gezahlt werden können. Ein Beispiel hierzu:

Eine Aktiengesellschaft hat eine Bilanzsumme von 20 Mrd. €. Davon gehören 8 Mrd. € zum Eigenkapital und 12 Mrd. € gehören zum Fremdkapital. Somit hat der Verschuldungsgrad einen Wert von 150 % (12 Mrd. € / 8 Mrd. €).

Zum Schluss sollte noch der Zinsdeckungsgrad als Kennzahl für die Sicherheit von Unternehmen erwähnt werden. Dieser berechnet sich folgendermaßen: Zinsdeckungsgrad = EBIT/Zinsaufwand. Diese Kennzahl gibt somit an, inwieweit eine Firma es schafft, die Zinsen seiner Kredite zurückzuzahlen. Je höher der Verschuldungsgrad ist, desto höher ist auch die Zinsbelastung. Daher hängt beides miteinander zusammen. Liegt dieser Wert unter 1, sollten Sie sich als Anleger genau überlegen, ob Sie wirklich in dieses Unternehmen investieren möchten. Denn das Unternehmen hat es dann offensichtlich nicht geschafft, so viel Gewinn einzufahren, dass es die fälligen Zinsen bezahlen kann.

Natürlich macht es viel Arbeit, sich mit all diesen Kennzahlen zu beschäftigen. Aber wer gewinnbringend in Aktien investieren möchte, wird da nicht drum herumkommen und sich damit beschäftigen müssen. Wenn Sie aber erst einmal damit vertraut sind, werden Sie merken, dass es gar nicht so viel ist. Sie müssen sich auch nicht mit 1000 Kennzahlen beschäftigen, es reicht, wenn Sie die wichtigsten Kennzahlen wissen.

12. Was Aktienanfänger vor dem Start wissen müssen

Bevor Sie ins Aktiengeschäft einsteigen, sollten Sie sich erst einmal mit den wichtigsten Regeln vertraut machen. Das Wichtigste beim Aktiengeschäft sind vor allem genaue und verlässliche Informationen. Sowohl vor dem Aktienstart als auch beim Aktienhandel selbst sollten Sie sich gut informieren. Viele Informationen – wenn auch nicht alle – können Sie im Internet sogar kostenlos bekommen. Schauen Sie sich am besten einmal hier um:

- Branchennachrichten von Verbänden.
- Pressemeldungen der Unternehmen selbst, auch sogenannte Ad-hoc-Meldungen. Dies sind für Anleger relevante Meldungen, die nach dem Wertpapiergesetz von den Firmen veröffentlicht werden müssen. Idealerweise hat hier jeder Anleger die gleiche Möglichkeit, diese Informationen einzusehen.
- Veröffentlichungen zur allgemeinen Entwicklung der Wirtschaft des statistischen Bundesamtes.
- Wichtige Nachrichtenagenturen, wie zum Beispiel Agence France-Presse, Bloomberg News, Associated Press, Dpa-AFX Wirtschaftsnachrichten, ITAR-TASS, Deutsche Presse-Agentur, Reuters, etc.
- Die Börsen- und Wirtschaftsberichterstattung der TV-Sender n-tv, ARD und Phoenix

Dort können Sie sich schon einmal die wichtigsten Informationen einholen. Wichtig ist natürlich auch, dass Sie dort auch regelmäßig die Kurse verfolgen, die sich ja ständig verändern.

Auch für den Verkauf gibt es einige Ratschläge, an denen sich Anfänger orientieren können:

- Regelmäßiger Austausch über Börsenthemen mit Anlegern aus Ihrem Freundes- oder Kollegenkreis
- Gelegentliche Gespräche mit dem Bankberater der Hausbank
- Ein regelmäßiger Besuch von Social-Trading-Plattformen wie wikifolio.com, TradingView oder Sharewise
- Vielleicht gibt es in Ihrer Nähe auch die Möglichkeit eines „Stammtisches", bei dem Sie sich in ungezwungener Atmosphäre mit anderen Anlegern austauschen können.
- Wenn Sie können, unterhalten Sie sich mit anderen Menschen, die selbst in börsennotierten Unternehmen arbeiten.
- Zu vielen Themen rund um Aktien finden Sie auch Lehrvideos auf YouTube.

Hier geht es erst einmal nur darum, einen allgemeinen Überblick zur Börse zu bekommen. Weniger um eine einzelne Aktie, sondern um ein Gefühl dafür zu bekommen, welche verschiedenen Möglichkeiten es gibt, mit Aktien Geld zu verdienen. Sie sollten sich dabei auf eine oder zwei Branchen begrenzen, denn dort sollten Sie sich ausführlich über die Unternehmen informieren. Die schon erwählten Kennzahlen sind dabei eine gute Hilfe, die Unternehmen einschätzen zu können. Wenn Sie am Anfang zu viele Unternehmen auswählen, besteht die Gefahr, dass Sie dadurch den Überblick verlieren und sich zu sehr verzetteln. Um die finanzielle Stärke von Unternehmen beurteilen zu können, eignet sich besonders die Eigenkapitalquote. Bei der Eigenkapitalquote wird das Verhältnis des Eigenkapitals zum Gesamtkapital verstanden. Hier sind 25 Prozent ein sehr guter Wert, an dem sich Anfänger orientieren können. Zum Eigenkapital gehören auch das Kapital aus Aktien und finanzielle Rücklagen. Wie hoch Unternehmen verschuldet sind, zeigt Ihnen die Verschuldungsquote, die das Fremdkapital ins Verhältnis zum Eigenkapital stellt. Ist dieser Wert hoch, hat das Unternehmen also sehr viel Fremdkapital, so stellt dies auf jeden Fall ein Risiko für Anleger dar, da das Unternehmen dann im Notfall möglicherweise nicht genug finanzielle Rücklagen hat.

Wenn Sie Aktien kaufen möchten, sollten Sie sich auch genau überlegen, welcher Typ Mensch Sie sind und welche Aktien zu Ihnen passen könnten. Gute Aktien sind natürlich die Aktien, die in ihrem Wert steigen und mit denen Sie einen Gewinn verzeichnen können. Aber es ist dann doch schwerer als gedacht. Sie sollten sich also genau überlegen, in welche Aktien Sie investieren, denn schließlich ist es Ihr Geld und Aktienkurse können leider auch oft schwanken. Stellen Sie sich am besten erst einmal ein paar Fragen, die die Entscheidung, in welche Aktien Sie investieren, doch sehr beeinflussen können. Fragen Sie sich beispielsweise:

- Was möchte ich mit der Investition in Aktien erreichen und welche finanziellen Mittel stehen mir dazu zur Verfügung?
- Geht es mir dabei um eine langfristige Anlage oder sollen in regelmäßigen oder auch unregelmäßigen Abständen neue Aktien hinzukommen?
- Möchten Sie eher kurzfristig oder lieber längerfristig in Aktien investieren? Soll die Aktie vielleicht sogar als künftige Altersvorsorge dienen?
- Neigen Sie dazu, ein Risiko einzugehen oder sind Sie ein Mensch, der Sicherheit braucht und der nicht gerne ein größeres Risiko eingeht?
- Welche Risiken können Sie eingehen? Bis zu welchem Betrag können Sie in Aktien investieren, ohne dass Sie in Existenznöte geraten?
- Haben Sie die Zeit und Lust, regelmäßig die Börsenkurse zu verfolgen? Unter Umständen auch mal Chancen zu nutzen, die sich kurzfristig ergeben und im Geschäft mit den Aktien flexibel zu reagieren und schnell zu kaufen oder zu verkaufen? Oder sollte Ihr Depot lieber so zusammengestellt sein, dass Sie höchstens nur ein oder zwei Mal im Monat dort hineinschauen müssen?

- Macht es Ihnen nichts aus, wenn Sie einmal 20 Prozent Ihrer Investition in Aktien verlieren? Haben Sie dann immer noch genug finanzielle Mittel für den Alltag? Nur dann sollten Sie sich mit Aktien beschäftigen, die zwar eine gute Dividende haben, die jedoch auch für Anlieger sehr risikoreich sein können. Wenn Sie starken Verlust meiden wollen, sollten Sie sich eher für Standard-Aktien entscheiden, deren Verlauf Sie über Jahre schon verfolgen können.
- Möchten Sie sich die Zeit nehmen, Ihr Depot über mehrere Jahre hinweg aufzubauen, oder brauchen Sie einen sofortigen Gewinn? Sollen vielleicht auch noch die Generationen nach Ihnen von den Aktien profitieren? Haben Sie genug Zeit sich in Ruhe nach einem geeigneten Aktiendepot umzusehen und sich vielleicht auch für Aktien von Firmen entscheiden, die noch nicht so lange auf dem Aktienmarkt aktiv sind, vielleicht jedoch eine gute Perspektive bieten könnten?

Sie sehen: Zuerst einmal sollten Sie sich selbst genau unter die Lupe nehmen, bevor Sie sich für die richtigen Aktien entscheiden. Es ist jedoch im Regelfall nicht ganz so einfach, vermeintlich unterbewertete Aktien zu finden. Im Internet gibt es selbstverständlich die Möglichkeit, Aktien beispielsweise durch ihr Kurs-/Gewinn-Verhältnis, ihr Kurs/Cash Flow-Verhältnis, ihr Kurs/Umsatz-Verhältnis oder ihrem Kurs/Buchwert einzuschätzen. Jedoch kann dies für unerfahrene Investoren doch recht schwer sein. Wer sich nur gelegentlich mit den Aktienkursen beschäftigt, kann Details übersehen, die für die Einschätzung der Aktien sehr wichtig sein könnten. Auch sollten Sie die Unternehmen, in die Sie investieren, mit vergleichbaren Unternehmen aus ähnlichen Bereichen vergleichen. Unternehmen aus der Autoindustrie oder Banken haben erst einmal von Natur aus ein niedriges Kurs-Gewinn Verhältnis und Kurs Cashflow-Verhältnis. Bei Technologie-Unternehmen hingegen ist dieses Verhältnis größer. Erst wenn ein Unternehmen relativ sicher und trotzdem auffällig günstig ist, könnte dies ein Hinweis für Sie ein.

Dazu kommt, dass Sie nicht allein auf der Suche nach lukrativen Aktien sind. Daher ist es recht wahrscheinlich, dass andere Anlieger diese Schnäppchen auch schon entdeckt haben. Oft gibt es auch einen guten Grund, warum diese Aktie nicht schon längst gestiegen sind. Eine, im direkten Vergleich zu anderen in der Branche tätigen Firmen, günstige Bewertung, ein regelmäßiges, über einen längeren Zeitraum anhaltendes Wachstum und, wenn es nicht gerade ein schnell wachsendes Technologieunternehmen ist, eine ordentliche Dividende als regelmäßiger Gewinn lassen in der Regel darauf schließen, dass es sich lohnt, Aktien von diesen Unternehmen zu kaufen. Diese drei Kriterien sollten Sie zur Entscheidungsfindung zum Kauf von Aktien heranziehen.

Als Beispiel lässt sich hier die Aktie von Bechtle nennen, die diese Kriterien im Zeitraum von 2011 bis 2012 gut erfüllt hat. Heute ist die Dividende jedoch nicht mehr so hoch wie in diesen Jahren und die Bewertung eher hoch. Wer die Aktie jedoch in den Jahren 2011 oder 2012 erworben hat, der braucht darüber nicht nachdenken. Die Aktien sollten nur durch entsprechende Stop-Kurse abgesichert werden.

Dazu sollten Sie sich fragen, ob bei den Unternehmen in den nächsten Jahren noch ein Wachstum zu erwarten ist. Schließlich wollen Sie die Aktien im Idealfall ja auch über mehrere Jahre behalten. Schauen Sie sich hier auch die Zahlen der letzten Jahre an und fragen Sie sich, ob die Branche dieses Unternehmens auch in den nächsten Jahren noch Gewinne erwirtschaften wird. Dinge des alltäglichen Lebens werden immer gebraucht, während Luxusgüter bei einem Wirtschaftsabschwung eher nicht gefragt sind und gerade im Technologiebereich die Entwicklung sehr schnell vorangeht. Auf Prognosen für die nächsten Jahre sollten Sie sich nicht einfach stützen, denn oft lassen Analysten diese Aktien bewusst billiger erscheinen. Eine Prognose kann in der Regel nur hilfreich sein, wenn sie für das nächste Jahr ist und das Unternehmen zumindest für die erste Jahreshälfte schon Bilanzzahlen veröffentlicht hat.

Grundsätzlich sollten Sie sich auch Unternehmen heraussuchen, von denen Sie etwas verstehen. Manchmal lassen sich Trends natürlich auch so erkennen, aber gerade bei Technologieunternehmen ist es für einen Nicht-Fachmann nur sehr schwer einzuschätzen, wie sich die Nachfrage nach den Produkten in den nächsten Jahren weiterentwickeln wird. Bestimmte Tendenzen, wie etwa die Zunahme von bargeldlosem Zahlungsverkehr, sind jedoch auch für einen Nicht-Fachmann gut vorauszusehen. Da wäre beispielsweise Wirecard ein gutes Unternehmen, um hier in Aktien zu investieren.

Aktien sollten vor dem Kauf auch erst mal in ihrer Entwicklung beobachtet werden, bevor Sie endgültig investieren. Setzen Sie die Aktie daher erst einmal auf die Watchlist und warten Sie einen guten Moment ab, um die Aktie dann zu einem guten Kurs zu kaufen.

13. Tipps und Fallstricke – Die besten Tipps für den Aktienkauf und die größten Fehler bei Anfängern

Das Wichtigste für einen Aktionär ist in aller Regel ein gutes „Money Management". Ein guter Aktionär hat seine Aktien immer im Blick. Einfach nur frei nach der „buy and sell"-Strategie Aktien kaufen, Aktien lange liegen lassen und dann einmal gewinnbringend zu verkaufen funktioniert heute nicht mehr. Denn gerade durch die Computertechnologie ist der Markt viel kurzlebiger geworden und die Waren, die gerade gefragt sind, sind wenige Monate danach durch den technischen Fortschritt bereits nicht mehr interessant und die Käufer kaufen sie nicht mehr. Die Unternehmen verdienen also nichts mehr und können keine Dividende abgeben. In das „Money Management" sollten sich Anleger wirklich gut einlesen, wenn sie nicht höhere Verluste riskieren wollen. Daher gelten hier ein paar grundsätzliche Regeln, die Sie beherzigen sollten, wenn Sie sinnvoll investieren wollen:

- Investieren Sie nicht Ihr ganzes Geld in Aktien, sondern sehen Sie sich auch nach Alternativen wie etwa Investitionen in Immobilien oder Anleihen um. Investieren Sie nur so viel Geld, wie Sie im Notfall auch verschmerzen können. Dies kann in dem Zusammenhang nicht oft genug gesagt werden. Halten Sie sich immer eine gewisse Geldreserve für unerwartete Gelegenheiten oder Ausgaben zurück. Auf Kredit sollten Sie nicht in Aktien investieren.
- Überlegen Sie sich, wie viel Geld Sie maximal verlieren können und legen Sie für sich den maximalen Verlust fest, den Sie bereit sind auszugeben. Auch hier sollte der Erhalt des Kapitals natürlich oberste

Priorität haben. Bedenken Sie: Wenn Sie 50.000 € investieren und 5 % Verlust eingehen wollen sind dies schon 2.500 €.

- Legen Sie auch das maximale Risiko pro Aktienposition fest, welches Sie eingehen möchten. Ein Wert von 1 % ist hier oft ein guter Richtwert. Selbstverständlich können Sie auch jederzeit mehr Risiko eingehen, wenn Sie dies möchten.

Ein kleines Rechenbeispiel: wenn Sie beispielsweise 50.000 € in 5 Aktien zu je 10.000 € bei einem Risiko von 1 % investieren, können Sie pro Aktie maximal 1.000 € verlieren. Das Risiko ist somit noch überschaubar.

- Nun können Sie noch die Anzahl der Aktien festlegen, die Sie bei dem aktuellen Kurs kaufen sollten. Dabei hilft diese Formal:

Aktienzahl = Maximales Risiko pro Position/ (aktueller Kurs x 1,081) - (Stoppkurs x 0,982).

Die Zahlen 1,081 und 0,982 berücksichtigen dabei Gebühren und eine eventuell schlechte Ausführung. Denn oft wird eine Aktie, wie oben schon erwähnt, nicht zum Stoppkurs, sondern etwas schlechter verkauft. Dies wird in der Rechnung berücksichtigt. Möchten Sie also eine Aktie kaufen, die momentan 100 € kostet und legen Sie einen Stoppkurs von 90 € fest (10 % unter dem aktuellen Kurs), machen Sie pro Aktie dann höchstens 1.000 € Verlust, was noch zu verkraften ist.

14. Hilfreiche Aktienstrategien für Anfänger

Obwohl niemand beim Aktienkauf zu 100 % vor Verlusten gefeit ist, so gibt es doch ein paar Strategien, die gerade Anfängern dabei helfen, gewinnbringend in Aktien zu investieren. Jeder Anleger sollte eine Strategie haben, nach der er seine Aktien auswählt und diese nicht einfach nur nach Gefühl wählen. Bei den Strategien sollten Kursprognose, Einstiegs- und Stopptechniken Anwendung finden sowie auch ein auf persönliche Bedürfnisse zugeschnittenes Kapitalmanagement.

Die erste, bislang sehr bewährte Strategie ist die sogenannte „relative Stärke" oder „Momentumsstrategie". Diese wird berechnet, indem betrachtet und verglichen wird, wie sich die einzelne Aktie zum Gesamtmarkt (DAX, Dow Jones etc.) verhält. Immer dann, wenn der Wert einer Aktie unter dem des Index liegt, so hat die relative Stärke einen geringen Wert. Man sagt „Die Aktie ist schwach". Wenn die einzelne Aktie sich hingegen stärker als der Index verhält, so wird von einer starken relativen Stärke gesprochen. Die Aktie ist dann „stark".

Bei der „Relativen Stärke nach Levy" wird nicht mit dem Aktienindex selbst verglichen, sondern der Aktionär schaut sich an, wie sich diese Aktie im Laufe der Zeit entwickelt hat.

Bei dieser Theorie wird angenommen, dass Aktien, die in der Vergangenheit einen starken Kurswert hatten, diesen wohl wahrscheinlich in der nahen Zukunft auch haben werden. Gerade Anfänger machen oft den Fehler, Aktien zu kaufen, die in der Vergangenheit an Wert verloren haben. Denn sie denken: „Irgendwann wird der Kurs ja mal wieder steigen. Noch tiefer kann der Kurs ja eigentlich nicht fallen." Dies ist jedoch ein Trugschluss, denn meist verlieren schwache Aktien weiter an Wert. Konzentrieren Sie sich daher auf Aktien, die auch in der Vergangenheit immer solide Gewinne eingefahren haben gemäß dem Motto: „the trend is your friend" („Der Trend ist Dein Freund")

Um die relative Stärke von Aktien zu berechnen, wird folgender Ansatz vorgeschlagen: Schreiben Sie sich die Monatsschlusskurse der letzten 15 Monate auf, bilden Sie davon den Durchschnittswert und teilen Sie nun den aktuellen Kurs durch den Kursdurchschnitt der letzten 15 Monate.

Hat der Wert hier einen höheren Wert, ist auch die relative Stärke der Aktie besser. Zum Glück gibt es auch Onlineportale wie Finanztreff.de oder OnVista, wo die relative Stärke schon ausgerechnet wurde, teilweise sogar für unterschiedliche Zeiträume.

Natürlich ist die relative Stärke noch kein alleiniges Kriterium eine Aktie zu kaufen. Sie sagt nur aus, ob eine Aktie in der Vergangenheit gut lief und einen Gewinn eingefahren hat. Die Aktie ist also wahrscheinlich auf dem aufstrebenden Ast, könnte aber auch überbewertet sein und ihr Wert fallen.

Grob gesehen sollten sich gerade Anfänger bei der Wahl ihrer Aktien auf diese Merkmale konzentrieren: Einen hohen Wert für die relative Stärke. Erstellen Sie beispielsweise eine Liste aller Aktien aus Deutschland und lenken Sie Ihre Aufmerksamkeit auf das erste obere Drittel.

Marktführer: Unternehmen, die in ihrem Fachgebiet besonders gut sind, haben in der Statistik oftmals bessere und höhere Werte als vergleichbare Firmen. Eventuell bietet sich die Chance, Aktien eines Marktführer-Unternehmens günstig zu erwerben.

Achten Sie auf günstige Kennzahlen der Unternehmen: Das KUV ist hier zum Beispiel eine nützliche Aktien-Kennzahl, um Aktien zu analysieren. Darüber hinaus können Sie auch das KVC, KBV, KGV und/oder die PEG-Ratio einer Aktie zurate ziehen (siehe oben).

So entdecken Sie unter Umständen Aktien, die im Aufwärtstrend, aber dennoch im Moment günstig zu haben sind. Sind Sie sich unsicher, scheuen Sie sich nicht, professionelle Hilfe zu holen oder schauen Sie in einem seriösen Online-Magazin wie dem Trendaktien-Report nach.

Eine alte, aber sehr bewährte Aktienstrategie ist die „Dividendenstrategie“. Sie schneidet besonders in wirtschaftlich schlechten Zeiten gut ab. Hier geht man davon aus, dass eine Firma, der es wirtschaftlich gut geht, auch an seine Teilhaber mehr Dividenden auszahlt. In der Praxis bestätigt es sich, dass sich diejenigen Unternehmen meist gut an der Börse schlagen, die auch viele Dividenden auszahlen.

Der Börsenguru Benjamin Graham entwickelte diese Strategie in den 30er Jahren des letzten Jahrhunderts. Er gab Anlegern den Rat, sich aus einem bekannten Index (in den 30er Jahren war dies der Dow Jones) die Unternehmen mit den höchsten 10 Werten für die Dividendenrendite zu notieren und diese dann für ein Jahr zu behalten. Danach werden die Werte wieder überprüft und bei Bedarf wieder ausgetauscht.

Diese Strategie eignet sich natürlich nicht für kurzfristige Anleger. Aber dadurch haben Anleger wenig Arbeit und können in der Zeit relativ entspannt auf ihre Anlage blicken.

Es ist hierbei natürlich möglich, aktuelle Trends zu verpassen und damit auch einen möglichen höheren Gewinn. Aber da muss sich jeder Anleger im Klaren sein, was ihm wichtiger ist: eine ordentliche Rendite und wenig Risiko oder eine deutlich höhere Rendite, aber gleichzeitig auch ein höheres Risiko. Diese Strategie ist vor allem geeignet für Investoren, die eine regelmäßige, recht zuverlässige Zahlung wünschen.

Eine Variante dieser Strategie ist die „Dividendenwachstums-strategie“, bei der die 10 Aktien gekauft werden, bei denen die Dividendenauszahlung nicht am größten ist, jedoch am meisten zunimmt.

Das Investmenthaus Prudential Securities verfeinerte die Strategie Grahams zur sogenannten „Dividend Low 5-Strategie“. Auch bei dieser Strategie ist der Arbeitsaufwand recht gering, sie verspricht jedoch eine noch höhere Rendite. Sie hat zwischen 1987 und 2001 sogar den DAX um ganze 100 % geschlagen (25 % vs. 12 %). Warum die Strategie besonders in den USA und in Deutschland, aber weniger in den anderen europäischen Ländern funktioniert, kann so nicht erklärt werden, es kommt Anlegern in Deutschland aber natürlich entgegen.

Auch in diesem Fall werden wieder die 10 Aktien eines Index gesucht, die die höchste Dividendenrendite bieten, allerdings werden hierbei die 5 Aktien mit der geringsten Dividendenrendite genommen, ins Depot gelegt und ebenfalls nach einem Jahr überprüft und gegebenenfalls ersetzt. Die Auswahl der 5 Aktien mit dem geringeren Wert der Dividendenrendite erfolgt einfach aus einem rein psychologischen Grund: weil dieser Wert günstiger aussieht und für viele Anleger daher ein Anreiz ist, diese zu kaufen. Der Verkaufswert steigt also.

Es gibt hier auch noch weitere Ansätze, beispielsweise von Bernd Rittberg, bei denen die Aktien viertel- oder halbjährlich beobachtet werden und zudem auch noch Signale Beachtung finden, die anzeigen, wann ein Anleger am besten Ein- oder Aussteigen sollte.

Warren Buffet und Benjamin Graham entwickelten auch die Strategie des „Value Investing". Hier ist der zentrale Ansatz der, dass Aktien unter ihrem Wert gekauft werden sollen. Dabei werden fundamentale Kennzahlen wie ein niedriges Kurs-Gewinn-Verhältnis, eine hohe Dividendenrendite, eine hohe relative Stärke und ein niedriges Kurs-Buchwert-Verhältnis herangezogen.

Bei der Variante „Depp Value Investing" werden nur Aktien mit einem niedrigen Kurs-Gewinn-Verhältnis gekauft, was ja im Internet recht einfach nachzuschauen ist. Die Strategie ist also noch simpler gehalten.

Eine weitere, für Anfänger nicht so geeignete Strategie ist die Sequenzhandel-Strategie. Hier wird jedoch mit sehr riskanten CDF's (Contracts for Difference, der Anleger ist nicht Anteilnehmer an einem Unternehmen, sondern an einer Forderung) gehandelt, bei denen Wertänderungen vorausgesagt werden.

Es gibt selbstverständlich noch viele weitere Strategien. Sehr risikoarm ist beispielsweise das „Indexorientierte Investieren", das sich am Index orientiert, was über einen ETF geschieht, der steuerlich viel günstiger ist.

Eine Variante dieser Strategie ist die „200-Tages-Durchschnitts-Strategie", bei der die Aktie dann verkauft wird, wenn die 200-Tages-Durchschnittslinie den Index schneidet.

Eine Strategie kann es ebenfalls sein, sich an Aktien von Schwellenländern zu orientieren, da Unternehmen aus diesen Ländern ein größeres Wachstum vorausgesagt wird. Auch an der Größe der Unternehmen, in die Sie investieren möchten, können Sie sich als Anleger orientieren. Je kleiner das Unternehmen ist, desto höher ist im Regelfall auch der Wert der jährlichen Rendite, da Anleger hier im Verhältnis ja auch mehr Aktienanteile an dieser Firma besitzen. Welche Strategie nun die beste ist, sollte der Anleger selbst entscheiden.

15. Absicherung

Ein Aktiendepot kann über verschiedene Taktiken abgesichert werden. Erst einmal sind eine sorgfältige Auswahl der Aktien, eine gute Dokumentation der einzelnen Aktivitäten und eine regelmäßige Marktbeobachtung die beste Absicherung.

Eine gute Möglichkeit, Verluste zu vermeiden ist sicher, wie oben schon einmal erwähnt, das Setzen von Stop-Loss-Marken. Denn je länger Aktienkurse bereits im Aufschwung waren, desto größer ist die Wahrscheinlichkeit, dass die Aktie wieder an Wert verliert und die Aufwärtsbewegung des Aktienkurses gestoppt wird. Denn schließlich informieren sich auch die anderen Anleger und vor allem die Großbanken, die alle etwas an den Aktien verdienen wollen. Selbstverständlich können nicht alle Anleger gewinnen, sodass dann auch nicht unbedingt ein Crash oder eine wirtschaftliche Eintrübung nötig ist, um den Aktienwert insgesamt wieder nach unten zu treiben. Besonders wenn Sie den Kurs Ihrer Aktie nicht jeden Tag überprüfen, sollten Sie keinesfalls darauf verzichten, Stop-Loss-Marken zu setzten. Nur auf diese Weise können Sie Schwankungen im Aktienwert trotzen. Mithilfe dieser Marker können Sie genau bestimmen, wie viel Sie beim Kauf einer Aktie zu bezahlen bereit sind und ab welchem Aktienwert Sie die Aktie zu dem Zeitpunkt lieber nicht verkaufen wollen.

Interessant ist hier auch eine Variante der Stop-Loss-Marke, die sogenannten Stop-Trailings. Mithilfe einer so platzierten Aktien-Order stellen Sie sicher, dass die Stop- oder Absicherungsmarke parallel zu weiteren, unerwarteten Kurssteigerungen sozusagen „mitwächst". Hier einmal ein Beispiel dafür:

- Verkauf: Der aktuelle Kurs ist bei 15 €, der abzusichernde Kurswert soll 13 € sein und der Folgeabstand 5 % betragen. Die Trigger-Methode wird dann auf „Last“ (Letzter Preis) gesetzt.

- Kauf: Der aktuelle Kurs einer Short-Kaufposition ist bei 21,78 €, der abzusichernde Kurswert soll 21,82 € betragen, der Folgeabstand soll 0,04 % betragen. Die Trigger-Methode wird dann auf „Last“ (Letzter Preis) gestellt.

Sollten Sie eine Veränderung im Aktienkurs erkennen, wie etwa 2 Tage Verlust in Folge, ist es sinnvoll, diese Kurse genauer zu beobachten und die Marken enger zu stellen, was so viel heißen soll, dass Sie Ihre Änderungen bei Aktienorder eher dem aktuellen Preis anpassen sollten. Hier kommt auch wieder die Wahl des richtigen Brokers für Ihre Transaktionen ins Spiel, denn wenn Sie so flexibel auf Aktienschwankungen reagieren wollen, sollten die Broker keine oder zumindest geringe Gebühren verlangen.

Order können also nicht nur dazu dienen, den Markt der gewünschten Aktie ständig beobachten zu müssen, sondern sie sind, wie Sie sehen, auch eine gute Absicherung.

16. Technische Analyse

Um die richtigen Aktien zum besten Zeitpunkt zu kaufen, ist eine Analyse der Entwicklung dieser Aktien unumgänglich. In der technischen Analyse, oder auch der sogenannten Chartanalyse, werden bestimmte Chartinformationen und Kennzahlen dazu benutzt, um Aktienkurse vorhersagen zu können. Hierzu bedienen sich Aktionäre einiger Instrumente, die in diesem Abschnitt erläutert werden sollen.

Zum einen versuchen Aktionäre den Trend der Aktie zu bestimmen. Bei der Trendbestimmung geht es darum, herauszufinden, ob sich der Aktienkurs einer Aktie auf dem aufsteigenden Ast befindet, oder ob die Aktie insgesamt eher an Wert verliert. Ein Chart, also die graphische Darstellung von Börsenkursen über einen gewissen Zeitraum, besteht in der Regel aus vielen Zacken, die sich aus den verschiedenen Kursschwankungen heraus ergeben. Es ist möglich, diese Zacken zu glätten, indem eine Durchschnittskurve gezeichnet wird. Oft wird die 38-Tage oder die 200-Tage-Linie verwendet.

Wird die Durchschnittslinie vom Chart von unten durchbrochen, wird das als Kaufsignal aufgefasst, umgekehrt wird dies als Verkaufssignal gewertet. Je weiter der Kurs oberhalb der Durchschnittslinie liegt, desto eher kann es hier auch zu Kurseinbrüchen kommen. Bei Anbietern wie OnVista im Internet können Sie sich als Aktionäre auch verschiedene Durchschnittslinien anzeigen lassen, um diese zu vergleichen. Auch sogenannte Oszillatoren sind ein beliebtes Mittel zur Chartanalyse.

Hierzu wird ein Schaubild erstellt, bei dem auf der y-Achse in der Mitte eine 0 eingetragen wird und oben und unten jeweils 100 % an den Extrempunkten. Die x-Achse ist dann die Zeitlinie und die Parallellinie bei 0 ist der gleitende Durchschnitt.

Für jeden einzelnen Punkt auf der Zeitachse, also der x-Achse, tragen Sie nun den in Prozent angegebenen Abstand zwischen dem gleitenden Durchschnitt und dem Kurs der Aktien ein.

Die so entstandene Kurve heißt Oszillator. Der Bereich, der über der 0-Linie liegt, wird als „Verkaufszone", der Bereich, der unterhalb der 0-Linie liegt, als „Kaufzone" bezeichnet.

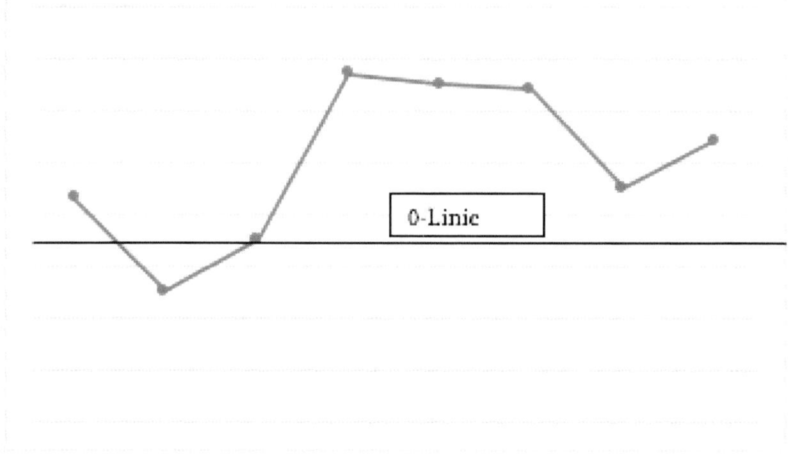

Es gibt aber noch viel mehr Werkzeuge für die Chartanalyse. Eine weitere Möglichkeit, den richtigen Zeitpunkt zum Ein- und Aussteigen zu finden ist es, sogenannte „Trendkanäle" aufzuspüren. Dazu werden an die Tief- und Hochpunkte des Charts Linien angelegt, die „Widerstandslinien" oder „Unterstützungslinien" genannt werden. Sobald diese Linien annähernd parallel verlaufen, ist es möglich, von einem sogenannten „Trend" zu sprechen. Wird dieser Kanal unten oder oben unterbrochen, so kann dies ein Verkaufssignal oder ein Kaufsignal sein.

Es gibt noch viel mehr Verlaufsbilder in den Charts, die Ihnen Hinweise zum Verkauf oder Kauf der Aktien geben können. Als Beispiele können hier die „Schulter-Kopf-Schulter"-Formation, die „Wimpel"-Formationen, die „Doppelboden"- oder auch „Keil"-Formationen genannt werden. Diese Formationen zeigen Ihnen den bisherigen Kursverlauf an und ermöglichen Ihnen vage Vorhersagen über den wahrscheinlich zukünftigen Verlauf des Aktienkurses. Die technische Analyse ist nicht unumstritten, Sie sollten sich niemals allein darauf verlassen. Sie kann aber zusammen mit anderen Merkmalen durchaus zur Entscheidung zum Kauf oder Verkauf von Aktien beitragen.

Für den Überblick reicht es, erst mal zu wissen, dass es hier einige Möglichkeiten gibt, durch technische Analyse den wahrscheinlichen Kursverlauf einer Aktie vorherzusagen. Es gibt neben den hier erwähnten Möglichkeiten noch unzählige weitere Auswertungen, Formationen und Möglichkeiten, um Kurse analysieren und vorhersagen zu können, wohin sie sich bewegen werden. Bekannt sind auch die sogenannten „Candlestick-Charts“. Hier werden unter anderem die Anzahl der Käufe und Verkäufe in den Charts mit einbezogen. Das Buch "Technische Analyse der Finanzmärkte" von John J. Murphy eignet sich gut, wenn Sie mehr über die Chartanalyse wissen möchten. Dieses Werk wird nicht nur als das Standardwerk der technischen Analyse bezeichnet, sondern dort finden Sie neben einer detaillierten Beschreibung sämtlicher Strategien und Analysemethoden auch ein Workbook von 144 Seiten, in dem Sie Ihr Wissen testen und anwenden können. Dort können Sie alles lernen, was professionelle Anleger über die technische Chartanalyse wissen müssen.

17. Welche Vor- und Nachteile haben Aktienfonds?

Wer sich im Aktienmarkt nicht so gut auskennt, der ist mit Aktienfonds recht gut bedient. Hier werden Aktien aus verschiedenen Unternehmen zusammengestellt, sodass der Anleger nicht nur eines Unternehmens, sondern Aktien verschiedener Unternehmen besitzt.

Die Vorteile von Aktienfonds liegen eigentlich dadurch schon auf der Hand. Der Anleger kann Aktien von unterschiedlichen Unternehmen erwerben, ohne sich tiefgründiger über jedes einzelne Unternehmen im Detail informieren zu müssen. Dies ist auch eine gute Möglichkeit, das Risiko zu steuern. Sind in dem Fonds beispielsweise Papiere von 100 Unternehmen und geht tatsächlich eines der Unternehmen davon pleite, so ist der Verlust noch recht gering. Auf jeden Fall viel geringer, als wenn Sie nur Anteile von diesem Unternehmen oder wenigen anderen Unternehmen hätten.

Ein weiterer Vorteil ist, dass der Fondsmanager die Verwaltung des Aktiendepots für Sie übernimmt. Daher müssen Sie sich kaum oder zumindest weniger Gedanken über die aktuellen Aktienkurse machen und sind nicht darauf angewiesen, diese tagtäglich verfolgen zu müssen. Der Fondsmanager ist im Regelfall ein Profi, der täglich die besten Aktien zu finden versucht. Daher versteht er in der Regel auch sein Handwerk besser als Anleger, die nur ab und zu einmal die Kurse verfolgen. Zumindest in der Theorie sollte dies so sein.

Hier ist es möglich, einen Sparplan zu nutzen, um in Fonds zu investieren. Es wird monatlich ein festgesetzter Betrag vom Konto des Anlegers abgebucht, der sich ansonsten um nichts kümmern muss. Es ist also sehr bequem.

Auch können Sie mit Aktienfonds in Unternehmen der ganzen Welt investieren. Natürlich geht dies auch ohne Fonds, jedoch würde dies einen immensen, kaum überschaubaren Aufwand für Privatanleger bedeuten. Auch steuerlich bieten Fonds Vorteile. Die seit dem 1.1.2009 zu entrichtende Abgeltungssteuer bevorzugt Aktienfonds und nicht die direkte Investition in Aktien. Denn eine Umschichtung innerhalb der Fonds ist auch heute noch steuerfrei, während bei einem Gewinn, der beim Verkauf jeder einzelnen Aktie gemacht wird, ganze 25 % Steuern auf diesen Gewinn gezahlt werden muss.

Zudem ist das Fondsvermögen geschützt, falls die Fondsgesellschaft pleitegehen sollte. Das Vermögen hat hier also kein Emittentenrisiko bzw. Ausfallrisiko. Sie verlieren dann nicht Ihr gesamtes Vermögen.

Leider haben Fonds aber auch einige Nachteile. Besonders bei sogenannten aktiven Fonds sind diese recht hoch. Aktive Fonds sind die Fonds, die von einem Fondsmanager verwaltet werden und sich nicht wie inaktive Fonds an einem Index orientieren, der dort computergesteuert nachgebildet wird (sogenannte ETF's). Zum einen haben Sie bei aktiven Fonds nicht die Möglichkeit, sich selbst um die Verwaltung Ihres Geldes zu kümmern, sondern der Fondsmanager entscheidet, in welche Aktien investiert wird. In seinem Entscheidungsspielraum ist der Fondsmanager auch oft recht eingeschränkt. Er muss in Aktien investieren, während Sie selbst entscheiden können, wann und wo Sie dies tun.

Sie können auch abwarten, bis sich der Markt wieder bessert. Dafür müssen im Regelfall für einen Fonds auch viel höhere Gebühren gezahlt werden. Denn natürlich wollen die Fondsgesellschaften auch etwas verdienen und verlangen daher in der Regel Gebühren für die Fondsverwaltung, die jährlich bezahlt werden muss, und einen Ausgabeabschlag. Nicht selten beträgt dieser Ausgabeabschlag um die 5 %. Das bedeutet konkret, dass Ihr Fonds erst einmal 5 % Gewinn machen muss, damit Sie Ihren Einsatz zurückbekommen. Das wichtigste Argument gegen Aktienfonds ist aber die schlechtere Performance, also die schlechte Wertentwicklung. Eigentlich müsste diese ja besonders hoch sein, wenn sich professionelle Manager darum kümmern. Dennoch schneiden zwei Drittel bis 90 % der Aktienfonds schlechter ab als der vergleichbare Index.

Wenn Sie allerdings tatsächlich nicht viel Zeit haben, um sich um die Aktienentwicklung zu kümmern oder Sie vielleicht gänzlich neu im Geschäft sind, dann sind Fonds doch eine gute Lösung. Die Frage ist nun natürlich: Wie finden Sie die lukrativsten Fonds? So wählen Sie die richtigen Fonds aus:

- Versuchen Sie, Fonds ohne Ausgabeaufschlag zu finden. Verschiedene Anbieter bieten bis zu mehrere Tausend Fonds in ihrem Programm an, wo diese Gebühr nicht anfällt. Denken Sie immer daran, dass ein Ausgabeaufschlag von bis zu 5 % bewirkt, dass Sie erst einmal ins Minus rutschen und Sie diesen Betrag mit Ihren Zinsen „verdienen" müssen, damit Ihr Konto letztendlich wieder ausgeglichen ist. Im Internet finden sich viele Tausend Anbieter ohne diesen Aufschlag.
- Holen Sie sich verschiedene Angebote ein und bedenken Sie, dass Bankberater immer Provisionen für Ihre Empfehlungen bekommen. Sie sind auch nur Menschen und wollen natürlich dabei verdienen. Sehen Sie sich Angebote immer genau an und überschlafen Sie diese gegebenenfalls noch einmal.
- Bedenken Sie bei der Fondsauswahl Ihre Risikobereitschaft. Sind Sie sehr risikoscheu, sind Rentenfonds am besten. Wenn Sie auch größere, vorübergehende Verluste nicht unbedingt beunruhigen, können Sie sich eventuell an Aktien- oder sogar Hedgefonds (Investmentfonds mit hochspekulativer Anlagestrategie) wagen. Besonders Hedgefonds sind jedoch nichts für Anfänger, nur Geübte sollten dort investieren.
- Achten Sie bei durch Fondsmanager gemanagte Fonds immer darauf, wie dessen Performance bisher war (also wie gut in den letzten Jahren die Werte dieses Fonds auf dem Markt waren). Der Fonds ist gut, wenn er in den letzten Jahren immer besser als der Vergleichsindex war. Dies gilt nicht nur dann, wenn die Wirtschaft eines Wirtschaftsbereiches oder die eines ganzen Landes boomt, sondern ganz besonders auch in Zeiten, in denen die Börsenkurse der Aktien nicht so hoch waren.

18. Zusammenfassung

Aktien gewinnen als Anlageform für Privatanleger immer mehr an Bedeutung, besonders zu den Zeiten niedriger Zinsen. Vorformen einer Börse als Marktplatz für Aktionäre gab es schon recht früh im 12. Jahrhundert. Mit dem Kauf einer Aktie beteiligen sich die Aktionäre an den Unternehmen, sie investieren in diese Unternehmen und sorgen so dafür, dass die Unternehmen genug Kapital haben, um zum Beispiel neue Maschinen anzuschaffen oder sogar zu expandieren. Rechtlich sind Aktionäre daher Teilhaber der Unternehmen, woraus sich einige Rechte und Pflichten ergeben. So muss der Aktionär beispielsweise das Geld natürlich pünktlich einzahlen, und das Unternehmen ist dazu verpflichtet, Aktionäre am Gewinn zu beteiligen.

Um an der Börse aufgenommen zu werden, müssen Anteile an Unternehmen einige Voraussetzungen erfüllen. Die Börse ist dabei ein Marktplatz, bei dem sogenannte Broker (Zwischenhändler) versuchen, möglichst viele Anfragen und Angebote mit ihrem angesetzten Preis abzudecken. So wird auch der Kurs von Aktien festgesetzt und regelmäßig angepasst. Die wichtigste Börse ist auch heute noch die Börse in New York, wobei die asiatischen Börsen immer mehr an Bedeutung gewinnen. Ausgegeben werden Aktien immer dann, wenn Unternehmen Geld beispielsweise für neue Investitionen oder Erweiterungen brauchen.

Aktien unterscheiden sich vor allem in ihren Arten. So gibt es Nennwertaktien, bei denen der Wert der Aktie bei den Aktienurkunden eingetragen ist, und nennwertlose Aktien.

Es gibt junge und alte Aktien, wobei junge Aktien vor allem bei Erweiterungen von Firmen gehandelt werden. Dazu gibt es Inhaberaktien und Namensaktien, bei denen der Name des Aktionärs in die Urkunde eingetragen ist.

Wichtig kann auch die Unterscheidung zwischen Vorzugsaktien und Stammaktien sein. Bei Vorzugsaktien verzichtet der Aktieninhaber auf das

Recht, an der Hauptversammlung teilzunehmen und sich somit aktiv an der Firmenpolitik zu beteiligen. Die Gewinne sind jedoch in der Regel höher.

Für Anleger auch sehr entscheidend ist der Unterschied zwischen zyklischen und antizyklischen Aktien. Zyklische Aktien sind immer dann besonders gefragt, wenn es der Wirtschaft gut geht, wohingegen antizyklische Aktien eher bei wirtschaftlich unsicheren Zeiten Erfolg versprechen.

Wer beim Aktienkauf nicht Geld verlieren möchte, muss sich gerade in der heutigen Zeit, in der Aktienkurse von Computern berechnet werden, intensiv mit dem Thema auseinandersetzen und sich ständig über den Markt informieren. Auch der richtige Broker muss ausgesucht werden.

Auch muss sich der Aktionär überlegen, wofür er gerade diese Aktien haben und in diese investieren möchte. Aktienindizes sind Kennziffern, die Kursentwicklungen von Aktien darstellen. Zusammen mit den wichtigsten Kennzahlen sind sie ein gutes Kriterium dafür, ob diese Aktie gewinnbringend ist oder nicht.

Wichtige Kennzahlen von Aktien sind vor allem das Kurs-Gewinn-Verhältnis, das Kurs-Umsatz-Verhältnis, das Kurs-Buchwert-Verhältnis und die Dividendenrendite. Neben dem Aktienkurs und der Marktkapitalisierung, die den momentanen Kurswert an der Börse angibt, können beispielsweise auch der Umsatz, der Gewinn, die Eigenkapitalrendite, die Eigenkapitalquote, der Verschuldungsgrad und der Zinsdeckungsgrad wichtige Größen sein, die für die Entscheidungsfindung bei Investition in Aktien essenziell sind.

Wer in Aktien investieren möchte, sollte sich auf jeden Fall gut informieren, sowohl über die allgemeine Wirtschaftslage als auch über die Lage der einzelnen Firmen und die Kurse immer gut im Blick haben. Es gibt viele Börsenzeitungen, Nachrichtenagenturen oder Branchennachrichten von Verbänden. Dann kann eine Investition in Aktien tatsächlich einiges an Gewinn bringen.

19. Quellen

https://www.aktien-lernen.de/gratis-aktien-ebook/
https://www.financescout24.de/media/1737/geldanlage-kinderleicht-gemacht.pdf
https://de.wikipedia.org/wiki/Aktie/
https://www.faz.net/aktuell/finanzen/meine-finanzen/sparen-und-geld-anlegen/ein-einfuehrungskurs-aktien-fuer-dummies-13251633.html/
https://aktien-kaufen-fuer-anfaenger.de/aktie-was-ist-eine-aktie/
https://www.youtube.com/watch?v=TBRhvxEMu4U/
https://www.youtube.com/watch?v=R2ZFgLROtTY/
https://www.youtube.com/watch?v=qie9sxCIhHM/
https://welt-der-bwl.de/Aktie-und-Aktienarten/
http://www.finanztreff.de/wissen/aktien/was-sind-aktienindizes/5411/
https://www.depotvergleich.com/aktiendepot-absichern/
https://www.broker-vergleich.com/broker/broker_zyklus.html/
https://www.godmode-trader.de/know-how/was-genau-ist-eigentlich-ein-broker,3249763/
https://www.aktiendepot.de/faq/sichere-aktien/
https://www.godmode-trader.de/know-how/orderarten,3871926/
https://www.lynxbroker.de/artikel/die-geschichte-der-aktie/?a=3355991699&utm_source=google&utm_medium=cpc&utm_adgroup=(DE)S%7CInfo.Terms-%26-Queries%2520%5BD%2CT%2CM%5D%2520%3E%2520Aktienhandel%2520Geschichte&utm_campaign=6.1_(DE)S%7CInfo.Terms-%26-Queries%2520%5BD%2CT%2CM%5D&d=c&keyword=%2Bgeschichte%20%2Baktien;&gclid=EAIaIQobChMI1e_elu-c5gIVT-R3Ch2NOwdyEAAYASAAEgI6cvD_BwE/
https://aktienrebell.de/aktienkennzahlen/#tab-con-20/
https://aktienrebell.de/10-simple-anlagestrategien/
https://www.lynxbroker.de/artikel/die-top-10-aktienmaerkte-weltweit/
https://de.wikipedia.org/wiki/Aktienindex/
https://www.boersennews.de/lexikon/begriff/aktienemission/46/

Wir danken Ihnen für Ihr Interesse und Ihr Vertrauen. Als Dankeschön dafür, haben wir eine besondere Überraschung. Wir haben einen **ultimativen Leitfaden für Einsteiger ins Aktien- und Börsengeschäft** für Sie. Und dieses erhalten Sie vollkommen kostenlos. Das klingt wunderbar? Dann warten Sie nicht lange und holen Sie sich Ihr Gratis-Geschenk.

Hier geht es zu Ihrem Gratis-Geschenk:

https://forms.gle/gduy3doWN5ejuaub9

1. **Öffnen Sie die Kamera-App auf Ihrem Smartphone und richten Sie die Kamera auf den QR-Code.**
2. **Klicken Sie auf den Link, der Ihnen angezeigt wird und schon werden Sie zur Website weitergeleitet.**

Impressum

Herausgeber: Pegoa Global Media GmbH / Am Sandtorkai 27 / 20457 Hamburg
Kontakt: kontakt@pegoamedia.de
Coverbild: Shutterstock

Haftungsausschluss:
Die Nutzung dieses Buches und die Umsetzung der enthaltenen Informationen, Anleitungen und Strategien erfolgt auf eigenes Risiko. Der Autor kann für etwaige Schäden jeglicher Art aus keinem Rechtsgrund eine Haftung übernehmen. Haftungsansprüche gegen den Autor für Schäden materieller oder ideeller Art, die durch die Nutzung oder Nichtnutzung der Informationen bzw. durch die Nutzung fehlerhafter und/oder unvollständiger Informationen verursacht wurden, sind grundsätzlich ausgeschlossen. Rechts- und Schadenersatzansprüche sind daher ausgeschlossen. Dieses Werk wurde sorgfältig erarbeitet und niedergeschrieben. Der Autor übernimmt jedoch keinerlei Gewähr für die Aktualität, Vollständigkeit und Qualität der Informationen. Druckfehler und Falschinformationen können nicht vollständig ausgeschlossen werden. Es kann keine juristische Verantwortung sowie Haftung in irgendeiner Form für fehlerhafte Angaben vom Autor übernommen werden. Die bereitgestellten Analysen, Vorschläge, Ideen, Meinungen, Kommentare und Texte sind ausschließlich zur Information bestimmt und können ein individuelles Beratungsgespräch nicht ersetzen. Alle Informationen dieses Buches entsprechen dem Kenntnisstand zum Zeitpunkt des Verfassens dieses Buches. Eine Haftung für mittelbare und unmittelbare Folgen aus den Informationen dieses Buches ist somit ausgeschlossen.
Informieren Sie sich weitläufig aus unterschiedlichen Quellen und bedenken Sie, dass am Ende nur Sie für die Entscheidungen verantwortlich sind.

Haftung für externe Links:
Unser Angebot enthält Links zu externen Websites Dritter, auf deren Inhalte wir keinen Einfluss haben. Deshalb können wir für diese fremden Inhalte auch keine Gewähr übernehmen. Für die Inhalte der verlinkten Seiten ist stets der jeweilige Anbieter oder Betreiber der Seiten verantwortlich. Die verlinkten Seiten wurden zum Zeitpunkt der Verlinkung auf mögliche Rechtsverstöße überprüft. Rechtswidrige Inhalte waren zum Zeit-punkt der Verlinkung nicht erkennbar.